财 富 管 理 列 国 志
Wealth Management Record of the World States

丛书指导 殷剑峰

日本财富管理业研究报告

Japan's Wealth Management Report

主 编 王增武 宣晓影
副主编 张 凯 覃 婧

社会科学文献出版社
SOCIAL SCIENCES ACADEMIC PRESS (CHINA)

编写团队成员

（按姓氏拼音字母排序）

陈　彬　江苏师范大学数学与统计学院教授

范丽君　国家金融与发展实验室副秘书长

李月玲　江苏师范大学数学与统计学院副教授

覃　婧　国家金融与发展实验室财富管理研究中心特聘
研究员

唐嘉伟　国家金融与发展实验室财富管理研究中心特聘
研究员

王增武　中国社科院金融所副研究员、国家金融与发展
实验室财富管理研究中心主任

宣晓影　中国社会科学院金融研究所副研究员

殷剑峰　国家金融与发展实验室副主任、对外经济贸易
大学教授

张　凯　国家金融与发展实验室财富管理研究中心副主
任

周　正　国家金融与发展实验室财富管理研究中心特聘
研究员

内容提要

众所周知，理论基础、国际经验、国内实践与历史镜鉴是国内财富管理业发展的"四梁"。自 2015 年首次调研日本财富管理业发展之时，笔者团队就萌生撰写"财富管理列国志"系列的念头，但囿于资料的可得性和团队的协同性等问题而搁浅。2019 年 5 月，受中国社会科学院金融研究所外事经费的资助，我们再次从需求（家族企业的金融或非金融需求）和供给（金融机构的金融或非金融供给）两个维度全面深入调研日本财富管理业的发展情况。结合两次调研获得的资料信息，我们尝试推出首期"财富管理列国志"——《日本财富管理业研究报告》。

本报告由一个主报告和四个分报告组成，主报告从客户需求、机构从业、产品服务以及对国内相关业务的启示等维度全面阐释日本财富管理业发展的概要情况，其中三菱 UFG 集团的横向整合策略以及野村证券的证券系财富管理业务模式对机构展业具有一定的启示意义。在客户需求层面，我们注意到日本财富管理业的需求始于税务筹划。鉴于此，我们在"分报告一"中重点阐释与财富管理业相关的税制情况和常见的税务筹划方式，分金融和非金融两个层面，其中金融层面的主要税务筹划方式有购买保险、成立信托和离岸运作等。再者，我们还注意到，客户群体大部分是"二战"以来的家族企业主，所以我们在"分报告二"中分析日本的家业传承模式，总结日本家族企业传承的关键要素分别为家业至上、匠人精神、保守经营和百年经营。在机构从业层面，我们发现家族企业主通常在其企业所有权和企业受益权之间嵌入金融资产管理或财团法人慈善公益组织，旨在做好规划安排的同时最优化其税务结构，所以我们在"分报告三"中简述日本财团法人的基本定义、主要案例和功能定位，最后则是通过对比财团法人与国内慈善基金给出国内财富管理进一步发展的策略建议。在产品服务层面，基于老龄化的发展现状和发展趋势，我们重点简述护理保险的情况，"分报告四"则从源起概述、功能分类和主要特点等维度详述日本家族信托的发展情况，文末是相关的政策建议。

作为"财富管理列国志"系列的首篇报告，虽历经两次调研，但依然存在家族信托实操案例不足等遗憾，其他不足之处，期望理论界和实务界的同人不吝赐教，批评指正。

目　录

主报告
日本财富管理业发展报告

全球财富管理中心已由欧洲和美洲转向亚洲。作为亚洲地区财富管理业的代表之一，日本财富管理业务始于花旗银行1986年设立的私人银行地区总部，此后，UBS、汇丰银行和瑞士信贷银行相继打入日本市场，其间因违规经营多撤出日本市场，而后又有部分机构重新启动日本地区业务，如瑞士信贷银行于1999年撤出、2009年重新启动私人银行业务等①。鉴于此，本报告从客户需求、机构从业、产品服务和国内启示等维度剖析日本财富管理业的发展情况，以供同业参考借鉴。

一 客户需求

日本财富业的真正发展始于遗产税②的推出。事实上，

---

① 王增武、宣晓影、覃婧：《日本财富管理业发展及其对我国的启示建议》，《银行家》2019年第7期，第114~116页。

② 调研过程中了解到，如某家庭不采用任何财富管理手段，其财产将在三代传承之后几乎归零。

日本财富管理业以增值和节税作为业务支撑点，以保障和避险等作为财富管理服务的外延。近年来，随着个人所得税和企业所得税的不断调整以及遗产税的开征，日本财富管理客户的需求呈现法人化和国际化两个主要趋势。自1983年以来，日本个人所得税的最高税率征税门槛在1993年达到峰值20亿日元，对应的税率为70%，为促进经济发展，在2002年二者一步下调到3亿日元和50%，但在2011年又分别小幅上调到6亿日元和55%。总体而言，日本个人所得税的高税门槛和最高税率自1993年以来呈"V"字形走势，且未来的上升趋势明显。另一方面，日本企业所得税则自1983年以来呈逐年下降趋势，目前企业的基本税率和中小企业税率分别为26%和19%。日本财富管理行业从个人所得税和企业所得税税率的"剪刀差"走势中看到了机会，将其财富管理服务范围由个人领域拓展到法人领域。除传统个人领域中的金融服务或非金融服务外，向法人领域提供的金融服务主要体现在两个方面：一是企业经营领域，含资金筹措和信息提供两个方面，前者主要提供合作方的介绍及各种资金筹措的支持等，后者主要提供介绍专家等人脉和提供事业相关的信息等；二是继承领域的事业继承对策服务，如制订事业继承计划、培养继承人的建议、对公司股份继承和财产分配的建议、债务保证和担保的处理以及死亡时退休金准备的提案等。

日本财富管理业需求国际化的表现有三：一是事业的国际化，企业员工数量超过 300 人的企业主中有 57% 的企业在海外有分支机构，有 27% 拟在海外建立分支机构，仅有 16% 的企业不打算在海外设置分支机构。二是资产的国际化，超富裕阶层中有 61% 的客户持有海外资产，10% 以前投资过，仅有 9% 和 19% 的客户没有海外投资经历过或对此事不感兴趣。三是居住的国际化，旨在规避日本本国居民高额的遗产税，事实上，日本在这方面的表现并不突出，调研中发现，1000 人中只有 2～3 个人真正会移居海外。

从居民家庭金融资产的持有结构来看，据野村综合研究所调查数据显示，2017 年末，日本 5372.3 万家不同富裕阶层①的家庭总资产为 1539 万亿日元（详见附录一）。总体来看，日本居民家庭金融资产并未呈现明显的"二八特征"，但也体现了明显的"二五特征"，即 20% 的超大众富裕以上家庭金融资产占居民家庭金融资产的比重至少在 50% 上。因为 1997～2017 年间大众阶层占家庭总数的比重基本在

---

① 野村综合研究所以纯金融资产作为客户五级分类的基准，第一级是资产在 3000 万日元以下的大众阶层；第二级是资产在 3000 万日元（含 3000 万日元，下同）到 5000 万日元之间的超大众富裕阶层；第三级是资产在 5000 万日元至 1 亿日元之间的准富裕阶层；第四级是资产在 1 亿日元至 5 亿日元之间的富裕阶层；第五类是资产在 5 亿日元以上的超富裕阶层。其中纯金融资产是指从金融资产（现金、存款、股份、债券、投信、临时支付的生命保险、养老保险金等实物资产以外的资产）中减去负债的金额，不包含不动产资产。

80%上下波动，但其金融资产占比从未超过50%，最高占比为1997年的49.04%，且基本呈逐年下降趋势，如2017年的对应比例为43.73%，这表明日本居民家庭金融资产的财富分化现象明显。进一步分析，如果我们考量单位家庭的金融资产持有量①（详见表1），则可以更进一步发现贫富差距悬殊的结果，富裕和超富裕阶层家庭金融资产持有量分别是准富裕阶层家庭和大众及超大众富裕阶层家庭金融资产的3倍和12倍以上。如果以准富裕阶层家庭为基准，类似于中产阶级收入家庭或中国的小康生活水平，显见，大众和超大众富裕阶层金融资产持有量不足中产阶层收入家庭金融资产持有量的25%，这表明财富管理业对大众和超大众富裕阶层家庭的未来生活保障管理大有作为。

表 1　不同阶层家庭的金融资产持有量及其相关指标

单位：万亿日元

年份	富裕和超富裕阶层	准富裕阶层	大众和超大众富裕阶层	比值1	比值2	比值3
1997	9.03	2.94	0.73	3.07	12.33	0.25
2000	9.20	2.91	0.73	3.16	12.61	0.25
2003	9.58	2.97	0.74	3.22	12.86	0.25
2005	10.47	2.76	0.71	3.79	14.73	0.26

---

① 单位家庭金融资产持有量＝某类家庭金融资产占比/某类家庭数量占比，如富裕和超富裕家庭金融资产持有量＝富裕和超富裕家庭金融占比之和/富裕和超富裕家庭数量占比之和，其他类同。

年份	富裕和超富裕阶层	准富裕阶层	大众和超大众富裕阶层	比值1	比值2	比值3
2007	11.90	3.04	0.67	3.91	17.87	0.22
2009	10.69	3.11	0.70	3.44	15.24	0.23
2011	10.27	3.23	0.71	3.18	14.43	0.22
2013	9.77	3.13	0.68	3.12	14.41	0.22
2015	8.43	2.94	0.69	2.87	12.26	0.23
2017	8.24	2.68	0.70	3.08	11.70	0.26

注：比值1＝富裕和超富裕阶层/准富裕阶层；比值2＝富裕和超富裕阶层/大众和超大众阶层；比值3＝大众和超大众阶层/准富裕阶层。

数据来源：作者根据附录一计算。

二 机构从业

目前，日本财富管理业的主要供给方是商业银行、信托银行、证券公司和外资金融机构，其中商业银行占据主导地位，理由有二：一是网点优势，以具有代表性的三菱东京UFG银行、瑞穗银行和三井住友银行为例，三者的网点数分别为656家、416家和493家。而野村证券、大和证券和SMBC日兴证券的分支机构数仅为179家、120家和109家，数量少于地方性银行——横滨银行的网点数（196家）。二是客户优势，三菱东京UFG银行、瑞穗银行和三井住友银行的个人账户数分别约为4000万个、2600万个和2600万个，法人账户分别约为50万家、10万家和12.8万家。其中，特别需要说明的两点，一是富裕阶层和超富裕阶层在三家银行的账户持有率分别为 55%、52% 和 48%；二是为满足客户日益增长的财富管理需求，地方性商业银行相继开展财富管理业务。如前所述，外资系金融机构作为日本财富管理业的拓荒者，沿着"进入—退出—进入"的循环路径进入日本财富管理市场。

在以客户为中心的导向下，日本财富管理业根据服务的客户对象不同，将业务模式分为特别运用型、综合管理型和事业支持型三种。具体而言，特别运用型主要提供对个人／家庭金融资产运用的建议；综合管理型则主要提供关于个人／家庭资产总体配置的建议，如家族办公室成立、不动产投融资、遗产继承对策、合理避税对策以及健康、社会贡献等相关事项；事业支持型则主要以事业为切入点，提供与家庭／个人资产相关的建议，如资本政策、本公司股份分配对策和事业继承对策等。不同业务模式的目标客户和参与主体见表 2。需要说明的是，对商业银行而言，一般多由银行集团下属的证券子公司开展特别运用型财富管理业务，由商业银行主体或商业银行集团下属的信托银行开展综合管理型财富管理业务，由商业银行主体开展事业支持型财富管理业务。

表 2　财富管理业的主要业务模式

业务模式 客户与机构	目标客户		参与主体			
	主要客户	次要客户	商业银行	信托银行	证券公司	外资机构
特别运用型	退休人士、医生或专业人士等	企业主、不动产业主	◐	◐	●	●
综合管理型	不动产业主	企业主、退休者、医生、专业人士等	●	●	◐	◐
事业支持型	企业主	—	●	◐	●	◐

注：◐表示部分开展该模式；●表示正在开展该业务模式且有优势。

资料来源：日本野村综合研究所。

近年来，随着客户对综合金融服务需求的日益强烈，金融机构也与时俱进，如三菱 UFG 银行整合旗下银行、证券与信托的优势资源，成立财富管理战略总部，下设银行规划部、证券规划部、信托规划部三个管理部门以及财富管理营业部和不动产营业部两个业务部门。三个管理部门分别对接旗下银行、证券和信托三家机构，负责沟通协调；财富管理营业部主要服务资产总量在 20 亿日元以上的上市公司负责人，总量约 1 万人；不动产营业部主要服务资产规模在 1亿~3 亿日元之间的客户，总量约 2 万人。财富管理营业部和不动产营业部的从业人员均是从下辖三类机构抽调的精英理财经理，即资深理财顾问（Senior Wealth Advisor，SWA），2018 年 10 月末的从业人员约 70 名，到 2020 年争取达到 140

名左右。SWA 服务客户的主要模式是"1 + N"，"1"指原有与客户联系的客户经理或银行的结算人员，"N"则指一个专属的 SWA 或多个 SWA。为保障客户服务的连续性且遵从安倍经济学要求的客户导向原则，SWA 无须两年轮岗（集团要求），可以七年后再轮岗。

作为本节的结束，我们简要介绍一下野村证券的组织架构和业务模式，以供国内同业参考。野村证券 2000 年成立私人银行部，旨在服务上市公司客户，目前该团队共有约75 人，下设客户服务、海外服务、年金管理、增值服务和中后台等部门，其中客户服务部约有 25 人，共分 4 个小组，采取的服务模式同样是"1 + N"，无硬性轮岗要求，同时，要求每两个月至少见客户一次。私人银行部的客户服务体系由单一向综合转变，为更好地服务客户的综合金融需求，通过自研和外采等两种模式形成自己的产品体系，如资金信托、外汇产品和保险产品等，同时，在个税、企业税和遗产税三税叠加的作用下，为做好企业主事业传承的节税安排，金融机构对客户提供的主要服务是个人资产的法人化，路径是对客户个人拥有的股票进行权益重构或引入公益财团法人等。以图 1 所示的股权重构为例，第一步，持有人将持有的自营公司股票转让给资产管理公司；第二步，资产管理公司发行普通股票和无表决权股票；第三步，持有人将无表决权股票转入公益财团法人名下，其他情形参见附录二。再者，

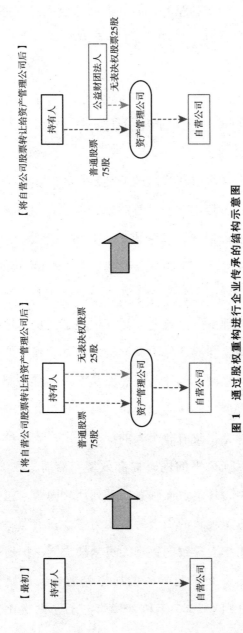

图 1　通过股权重构进行企业传承的结构示意图

资料来源：野村证券。

为配合野村证券的相关业务开展，野村综合研究所每两年开展一次客户调研活动，2017 年的专项调研结果参见本章附录三。

三　产品服务

如前所述，日本财富管理的产品服务体系由单一转向综合。鉴于国内的老龄化程度日益加剧，本节我们重点介绍日本的护理保险改革情况，以资借鉴。日本借鉴德国的模式，于 1997 年 12 月通过了《护理保险法》，并于 2000 年 4 月开始实施护理保险制度，旨在运用社会保险的机制，对老年人提供社会化的护理服务。自此，日本形成了由护理保险、失业保险、医疗保险和养老保险共同构成的社会保险体系。

日本护理保险制度创建的总思路是实现和维持制度的合理性及可持续发展，其核心内容是：稳定和扩大护理保险制度的财源；合理分担政府和个人的护理支出；谋求护理服务的供需平衡；保证公平的同时提高效率。然而，在 13 年的制度推行过程中，日本也面临着一系列严峻问题，包括：人口老龄化发展迅速导致的资金筹集压力增大；护理专业需求提高与待遇差距扩大导致的护理人员紧缺加剧；护理机构建设成本高、供给严重不足导致的居家养老要求迫切等。为此，日本政府分别于 2005 年和 2012 年进行了两次比较大的改革，并以每 3 年为一期对护理报酬和诊疗报酬等进行了修订。在 2005 年的改革中，创设了社区服务和社区综合支援中心，向构建"区域综合护理系统"迈出了第一步。在 2012 年的改革中，政府将相关的理念和规定明确写入了《护理保险法》，并为支持包括重度障碍者在内的需要看护老人的居家生活创设了一系列服务。

日本力求在 2025 年（战后"婴儿潮"一代全部达到 75 岁）之前，完成"区域综合护理系统"的构建，推动居家医疗和护理服务的一体化供给。为此，截至 2013 年 9 月末，日本社会保障审议会·护理保险部会等通过讨论，基本确立了 2015 年的下一次重大制度改革要点（详见表 3）。

表 3　2015 年日本护理保险制度改革的要点

区域综合护理体系的构建	·第六期以后的计划，作为面向 2025 年的"区域综合护理计划"，将正式推进居家医疗与护理的合作 ·在护理保险法中将居家医疗与护理合作据点的功能制度化 ·在护理保险法中将区域护理会议制度化 ·将居家护理支援企业的指定权转让给市町村
修订预防给付	·市町村作为主体，根据实际情况提供服务，将护理预防给付转移到同种护理保险框架下的区域支援事业上
痴呆症对策	·扎实推进"痴呆症施政五年计划" ·将"痴呆症初期集中支援队"定位于区域支援事业 ·向区域综合支援中心配置痴呆症区域支援推进员的任务定位于区域支援事业

居家服务	**通所护理** ·业务内容类型化,弹性护理报酬 ·小规模通所护理向社区服务转移 ·完善过夜事故报告及信息公开·定期巡视 ·不定时访问护理看护 ·重新修订与访问看护站的合作方式 **小规模多功能型居家护理** ·强化访问功能(登录定员的灵活性,调整人员配置) ·允许通过护理管理人代理申请护理认定
设施服务	**特别养护养老院** ·特别养护养老院的入住标准限制在要护理 3 级①以上 ·强化护理体制 **面向高龄者的住房** ·再次探讨养护养老院和低费用养老院的作用 ·提供有偿养老院和附带服务的高龄者住房的相关信息 **护理老人保健设施、护理疗养型医院设施** ·探讨对离所后短时间又返回原设施的情况的把握和对策 ·探讨护理疗养型医疗设施的功能
费用负担	·一定收入以上参保人的护理费用负担由 10% 提高至 20% ·提高高额护理服务费的限额 ·在补充支付方面要求追加提交"资产证明" ·加强对低收入第一号被保险人(65 岁以上的老年人)保费的减额措施

资料来源:根据日本厚生劳动省的资料汇编。

日本的护理保险制度是日本政府自 20 世纪 90 年代起为应对人口老龄化而采取的重要措施,是日本社会保障体

---

① 要护理 3 级:本人处于生活基本不能自理,或伴有阿尔兹海默症等其他疾病,需要全面的护理帮助;要护理 4 级:本人处于生活不能自理,或伴有阿尔兹海默症等疾病的程度加深,生活事情需要护理帮助;要护理 5 级:本人卧床不起,有关日常生活的所有方面都需要别人的护理帮助。

系的重要组成部分。该制度的设计，特别是在实践过程中遇到的问题和针对问题进行的改革更是我国未来创建老年护理保险制度的重要参考。面对老龄化和老年护理问题，我国也应该通过长远的制度设计来体现政府在公共政策制定中重视民生、谋求社会经济可持续发展的战略考虑和政策取向。

四　国内启示

我国财富管理业发展与日本财富管理发展的不同点有三：一是政治制度不同；二是日本居民移居不移民，而中国的情况则以移民为主；三是日本金融业是混业经营①，而中国则是分业经营。相同点也体现在三个方面：一是财富管理业的文化背景相同②，如都不愿意"露富"，老龄化下的养老保障需求和遗产税下的财富传承需求是推动日本财富业发展的两大动力，目前中国的情况也大致如此；二是

---

① 1992 年，日本监管当局推出旨在推进混业经营的《金融制度改革法》，即银、证、保可通过设立子公司进入对方的领域，如生命保险和财产保险可通过设立子公司进入对方领域等。再如，1997 年，证券业被允许开设"证券综合账户"，即证券公司给客户开设的交易账户附加支付和清算功能。又如，1998 年，银行业被允许在窗口出售信托产品。

② "某种形式的家长式权威比自由民主更能与亚洲的儒家传统合拍，更重要的是，它比自由民主更能始终如一地保持高经济增长率。"——《历史的终结与最后的人》，弗朗西斯·福山著，广西师范大学出版社 2014 年版。

客户财富管理的需求相同，如财富增值、财富保全和养老保障等；三是客户财富管理服务购买的方式相同，即都不愿意为咨询顾问服务付费，所以在日本以投资顾问为主导的财富管理业务模式并未有效推广。鉴于此，我们从政府层面和机构层面来陈述日本财富管理业发展对我国的启示。

（一）税收政策

目前，国民财富管理需求呈现两极化趋势，一极是普通大众的财富增值需求，另一极则是超高净值客户的财富保全需求。显见，从国家层面来看，普通大众的财富增值需求并不会造成国民财富的外流，因国内金融机构提供的种类丰富的金融产品足以满足这一需求。然而，超高净值客户的财富保全需求造成国民财富的大量流失，因为移民是当前超高净值客户财富保全的主要手段之一[①]，在对国内的金融机构调研中了解到，目前 10 个私人银行客户中 7 个有移民需求。国内居民以投资移民为主的方式，造成了大量财富外流。

如前所述，虽然日本国民只移居不移民，但移居下的财富外移现象也非常严重，所以日本通过"开征遗产税——

---

① 如中国银行向高净值客户提供的"外汇通"服务等。

施行税优政策——征收离境税"等方式实现"创造财富管理需求——推动财富管理发展——切断财富外移渠道"的目的。

第一步，开征遗产税，创造财富管理需求。日本实行产权私有制，即所有的产权都是个人的，但日本政府通过税收政策调整产权结构，如2007年开征遗产税等。此后，居民以财富保全为目的的财富管理意识增强，进而真正推动国内财富管理行业的发展。

第二步，施行税优政策，推动财富管理发展。对关系国计民生的基本生活需求保障，日本政府通过实施税收优惠措施推动财富管理行业发展，如对住宅基金和教育基金免征遗产税等。

第三步，征收与离境相关的税收政策，切断财富外移渠道。关于日本继承税和赠与税的纳税义务人范围参见表4。与离境税相关的新政有三：一是移民海外，5年内离世，依然需要缴纳遗产税；二是自2015年1月起，海外持有资产在5000万日元以上的需要申报，目前暂不征税；三是汇款超过100万日元（原来的门槛是200万日元）需要申报，目前暂不征税。事实上，申报是为以后的征税提供基础。

表4　日本继承税和赠与税的纳税义务人范围概要表

被继承者 赠与者		继承者 接受遗赠者 受赠者	在国内无住所		
		在国内有住所	拥有日本国籍		无日本国籍
			5年以内在国内有住所	超过5年在国内无住所	
在国内有住所		常住无限制的纳税义务人	非常住无限制的纳税义务人	—	限制纳税义务人
在国内无住所	5年以内在国内有住所	国内/外财产都要纳税	国外财政需要纳税	—	国内财产需要纳税
	超过五年在国内无住所	—	—	—	—

资料来源：野村证券。

（二）业务模式

以机构为视角，对比日本和我国的财富管理业发展情况，可以发现有不少重合，第一，日本金融业并未针对财富管理业或私人银行业推出专门的法律法规，只是将其当作金融机构的一项业务而已，参照的法律法规有《银行法》《证券法》《信托法》和《金融商品交易法》等。第二，日本金融业并未对私人银行客户、私人银行业务或财富管理业务做严格的界定，也没有严格的机构准入、业务准入和客户准入等门槛。第三，日本金融业并未针对财富管理业务开发专有的 IT 系统或设置专有的风险防控体系，部分机构以开征遗产税为基准，开发税收计算器和投资组合配置等财富管理业务的小插件，如日本三菱东京 UFJ 银行，以备私人银行客户经理在服务客户时使用。即便如此，日本私人银行业依然有很多值得国内金融机构借鉴的地方。

1. 以所属行业为基准进行客户分类

为避免以金融资产统计口径进行客户分类信息的不完整性，金融机构以客户所属的行业作为分类基准，并针对客户所属的行业不同提供有针对性的个性化服务。如三井住友信托银行将客户分为企业主、私营医生、公司董事和私有土地拥有者四类，鉴于企业主的资产中以自己公司的股票为主，向其提供的服务是如何降低股票评估价格及降低股票配置权重等，而对私有土地所有者提供的服务包含买入不动产的贷款或建造房屋并安排房屋出租等。不同类型机构获取客户的方式也不尽相同，如信托银行在开展定期存款的零售客户或住房登记系统中获取客户资源，而证券公司则以对公客户服务的延伸作为获取客户的主要渠道。

2. 以客户为中心，结合机构优势进行架构安排

三井住友信托银行的私人银行部门下设三个部门，分别是服务母公司客户的部门、支持服务分公司客户的部门和对公客户服务部门。野村证券公司下设财富管理部和私人银行部两个部门，前者以资产管理等业务为核心，类似于前述的特定运用型业务模式；后者以企业传承等业务为核心，类似

于前述的事业支持型业务模型，两部门之间属于产业链的上下游关系，协调中又有配合。为配合客户综合金融服务需求的演变，金融机构也相继调整组织架构，如三菱 UFG 银行的横向整合策略等。

3. 以咨询顾问下的产品或服务销售为盈利模式

如前所述，日本财富管理业的主要业务模式分特定运用型、综合管理型和事业支持型三种。从盈利模式来看，日本财富管理业大致经历"产品销售—组合管理—咨询顾问下的产品销售"三个阶段，中间推动组合管理类似国内金融机构现在竞相推出的投资顾问服务，后又调整为投资顾问下的产品销售模式。原因在于日本居民不愿为所谓的咨询顾问服务付费，但通过产品销售的"价内费"模式则为其所接受。简言之，日本财富管理业目前免费向客户提供咨询顾问服务，以咨询顾问服务带动产品销售获取利润，即咨询顾问下的产品销售盈利模式。

纵观日本财富管理行业的发展，政府税收政策的制定和出台在其中扮演的角色异常重要。首先，开征遗产税，一方面调整了私有产权制度的产权结构，另一方面创造了居民的财富管理需求。其次，实行税优政策，在保证居民基本生活保障的基础上提升居民财富管理的意愿。最后，征收离境税等相关阻止财富外流的税收，以保证国民财富仅在日本国内流动，而不至于外流到境外。质言之，以税收政策为杠杆，调整私有产权结构，促进国内财富管理行业稳健发展，留住国民财富。

对金融机构而言，日本财富管理行业发展给我们的一个重要启示就是以客户为中心，结合机构自身优势，制定差异化的财富管理发展战略，以实现与其他机构的错位竞争，最终实现咨询顾问服务下的产品销售盈利模式。为此，金融机构应该做好两个方面的工作：一是全面调查并分析本机构客户的财富管理需求并进行合理的分类，如日本的财富管理参与机构以客户所属的行业作为分类基准；二是充分挖掘机构自身优势，设置个性化的组织架构以将其固有优势与客户需求实现完美对接，如三井住友的三部门模式等。

目前，无论在理论界还是在实务界，提及私人银行和财富管理，我们自然会想到瑞士、美国和新加坡等代表性经济体财富管理行业发展对我国的经验借鉴。事实上，上述三者并未针对财富管理业制定专门的法律法规，其财富管理业得以良性发展的深层原因不外乎其政治经济制度和整体法律法规的健全性等宏观因素。鉴于此，现阶段中国发展财富管理行业的最佳学习对象应是与我们相邻的周边国家，如日本和韩国等，因为我们具有相同的东方文化基因、几乎同质的信托制度，最为关键的是周边国家的财富管理行业发展仅比我国快半步，而其他发达经济体财富管理行业的发展可能比我们快一步，甚至更多，他们的发展模式于我国现阶段情况可能并不适用，不应盲目借鉴。

附录一 日本不同富裕阶层纯金融资产规模及家庭数

表1

单位：万亿日元；万家

分类 \ 年份		1997	2000	2003	2005	2007	2009	2011	2013	2015	2017
超富裕阶层	纯金融资产	52	43	38	46	65	45	44	73	75	84
	家庭数	8.2	6.6	5.6	5.2	6.1	5.0	5.0	5.4	7.3	8.4
富裕阶层	纯金融资产	125	128	125	167	189	150	144	168	197	215
	家庭数	80.4	76.9	72.0	81.3	84.2	79.5	76.0	95.3	114.4	118.3
准富裕阶层	纯金融资产	137	166	160	182	195	181	196	242	245	247
	家庭数	210.8	256	245.5	280.4	271.1	269.8	268.7	315.2	314.9	322.2
超大众富裕阶层	纯金融资产	192	201	215	246	254	225	254	264	282	320
	家庭数	547.7	575.1	614	701.9	659.8	639.2	638.4	651.7	680.8	720.3
大众阶层	纯金融资产	487	503	519	512	470	480	500	539	603	673
	家庭数	3643.7	3760.5	3881.5	3831.5	3940	4015.8	4048.2	4182.7	4173.0	4203.1
汇总	纯金融资产	993	1041	1057	1153	1173	1081	1138	1286	1402	1539
	家庭数	4490.8	4675.1	4818.6	4900.3	4961.2	5009.3	5036.3	5250.3	5290.4	5372.3

数据来源：野村综合研究所。

附录二　通过股权重构进行企业传承的案例

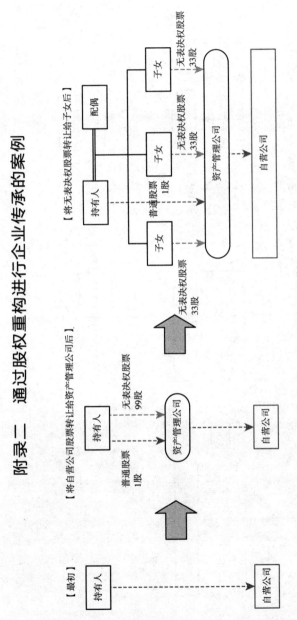

[最初]

持有人

自营公司

[将自营公司股票转让给资产管理公司后]

普通股票1股

无表决权股票99股

持有人

资产管理公司

自营公司

[将无表决权股票转让给子女后]

持有人

配偶

子女

子女

子女

普通股票1股

无表决权股票33股

无表决权股票33股

无表决权股票33股

资产管理公司

自营公司

（a）引入资产管理公司的股权重构案例

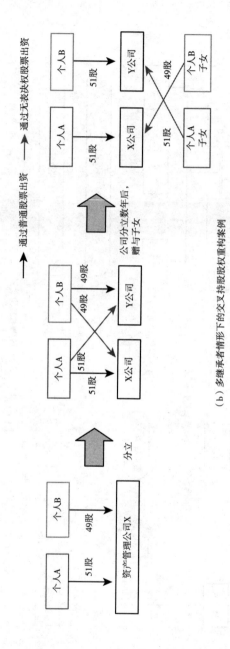

（b）多继承者情形下的交叉持股股权重构案例

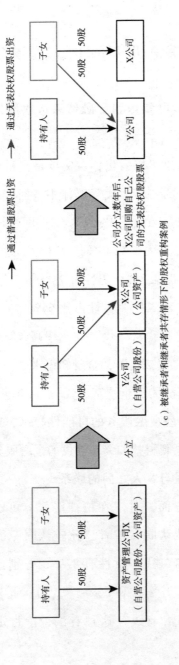

（c）被继承者和继承者共存情形下的股权重构案例

图 1 基于股权重构下的企业传承案例组图

资料来源：野村证券。

附录三　野村综合研究所的相关调查结果

■ "富二代"的金融知识和金融信息敏锐度优于"非富二代"

根据调查问卷的结果可以看出，在父母是富裕阶层或超级富裕阶层可能性较高的"富二代"群体中，拥有高水平金融知识的男性占比57%，女性占比39%，这比"非富二代"的比率分别高出21%（男性）和19%（女性）。此外，拥有较高金融信息敏锐度（"富二代"男性占比13%，女性10%）和较高利息敏锐度（"富二代"男性占比65%，女性65%）的"富二代"比率也比非"富二代"的比率高（详见图1）。不管是男性还是女性，"富二代"的金融知识水平、金融信息敏锐度和利息敏锐度等都优于非"富二代"。由此可知，"富二代"群体积极尝试新型金融服务的可能性较高，比如使用FinTech或智能手机等高新科技和终端提供的金融服务。

■ "富二代"注重与家人之间的联系

在与家人的关系方面，对"在精神层面上可以依赖父母"这种看法，回答"认同"或者"比较认同"的"富二代"男性有89%，"富二代"女性有87%，分别比非"富二代"比率高出8%（男性）和6%（女性）。此外，对于"为了孩子的教育不吝惜金钱"这种看法，持肯定态度的

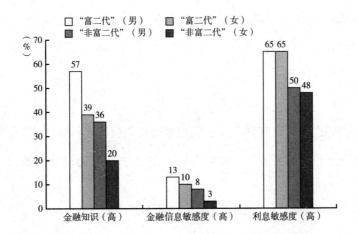

图1　"富二代"和"非富二代"在金融知识等方面的不同表现

注：①"富二代"：在问卷调查中，回答父母的生活水平在"中等偏上水平以上"，并且父母拥有除自己住房以外的不动产（国内外）、股票/债券/投资信托基金等金融产品、高级汽车、艺术品/古董、金条、高级贵金属当中的任何一项，年龄在20～59岁的男女；②金融知识（高）：能够正确回答4道以上金融知识相关问题（利息、复利、通货膨胀、风险/回报、分散投资等5个问题）的比率；③"非富二代"："富二代"以外父母健在的20～59岁男女；④金融信息敏锐度（高）：对"当有新型金融产品问世，我会积极收集相关信息"这个想法，回答"符合"和"稍微符合"的比率；⑤利息敏锐度（高）：对"如果收益率高的话，更换金融机构也可以"这个想法，回答"符合"和"稍微符合"的比率。

资料来源：野村综合研究所。

"富二代"男性有84%，女性有78%，分别比"非富二代"的比率高出10%（男性）和8%（女性）（详见表1）。

由此结果可以看出，"富二代"无论男女，在对父母的信赖与依附、对孩子的教育投资等方面，都更加注重与家人之间的联系。男性"富二代"中有64%的人认为"夫妇之间最好可以实现相互经济独立"，这比"非富二代"的比率高出了7%；"对自己或者自己的配偶赴海外工作持抵触心理"的"富二代"（男性53%、女性46%）比"非富二代"的男女比率分别低了13%和11%。从这个结果可以得知，"富二代"的男性对"夫妇双方都有工作""夫妇分别进行存储和资产管理"等夫妇之间可以实现经济独立的方面持积极态度；此外，"富二代"无论男性或女性，都对海外工作和海外生活持积极态度。

表1 与家人之间关系的看法

单位：%

	男性		女性	
	"富二代"	"非富二代"	"富二代"	"非富二代"
在精神层面上可以依赖父母	89	81	87	81
为了孩子的教育不吝惜金钱	84	74	78	70
夫妇之间最好可以实现相互经济独立	64	57	70	73
对自己或者自己的配偶赴海外工作持抵触心理	53	66	46	57

注：表中的比率是对各个看法回答"认同"或者"比较认同"的比率。
资料来源：野村综合研究所。

由此可知，得到富裕阶层/超级富裕阶层的父母或祖父母的资产转移，并且对高新技术和新的思考方式有较高接受能力的"富二代"，有望拉动日本今后的消费和资产管理等经济活动。并且，在人口和家庭数量持续减少的背景下，他们作为新的有前途的市场，肩负着未来的经济活动，而为了赢得这些"富二代"的市场，企业间的竞争也会更加激烈。

附录四 日本私人银行业务发展情况[①]

尽管日本经济长期低迷，有财政恶化和产业空洞等结构性问题，但日本富裕阶层人口达 174 万，继美国之后位居全球第二，更是亚太地区高端客户最多的一个市场，对金融机构开展私人银行业务极富吸引力。同时，在日本国内市场结构性缩小、富裕阶层及企业发展不断国际化的背景下，日本私人银行业务也面临着一系列战略调整。

一 日本私人银行业务发展背景

18 世纪后半期，私人银行在欧洲相继诞生，形成了一种跨越时代的资产积累机制。从严格意义上来讲，日本不存在私人银行。明治和大正时期，银行曾经是私人所有，但二战后全部成为需要国家认可和严格审查的股份公司。放宽准入门槛后，虽然诞生了索尼银行等企业出资的银行，但像欧洲那样的私人银行并不存在。

20 世纪 80、90 年代，随着世界各国财富群体的激增，综合性国际金融集团以及专业的资产管理咨询公司逐渐成为提供私人银行服务的两大主体。此时，经历了战后高速成长

[①] 宣晓影：《私人银行业务在日本》，《银行家》2014 年第 4 期。

的日本随着社会财富的扩大和个人财富的高度集中，私人银行业务逐步从"无"到"有"，甚至有竞争升级之势。1996年日本通过"大爆炸"式的金融体系改革，提出了"自由、公平、全球化"的原则，通过放松金融管制建立了金融混业经营模式。1998年日本又通过修改《外汇法》，进一步开放了资本账户，使企业发展中所涉及的股权变化、投资收益、财产继承、资产分配、财富转移等问题得以初步解决，私人银行业务所强调的财富全球管理得以实现。当时，以美国花旗银行为代表的嗅觉灵敏且拥有成熟经验的欧美金融集团发现了日本的商机，纷纷涌入日本市场。同时，日本主要金融机构也开始创设以富裕阶层为主要顾客的私人银行部门。然而，日本富裕阶层的财富管理观念较为传统，对于私人银行这一新事物的内涵和运行机制缺乏理解，加之战后长期以贷款为主业的日本大银行的行事作风难以改变，私人银行业务在日本的发展一直有限。

近年来，伴随着 IT 经济的发展和金融业的国际化，日本产生了大量的"新贵"，对金融知识的了解和对金融业的认识都有所提高，对私人银行业务来说形成了潜力较大的市场。同时，战后创业的企业主（占超富裕阶层的80%）面临着新老交替的继承问题，在日本国内市场结构性缩小、长期超低利率，以及消费税（从5%到8%）和遗产税（从50%到55%）将进一步提高的情况下，日本家族资产的国际化和家族成员的非居住化趋势明显，国际化的节税对策也必将随着企业的国际化而展开。另外，2011 年东日本大地震所显现的自然灾害风险和福岛核电站的重大事故风险也成为推动日本私人银行业务国际化发展的潜在因素。

二　日本私人银行业务发展现状

伴随着日本金融集团的重组，现在开展私人银行业务的日资及外资主要金融机构及其业务内容如下（详见表 1）：

（一）日资金融机构的私人银行业务

三菱 UFJ 金融集团中，三菱东京 UFJ 银行设有私人银行营业室。作为集团子公司的三菱 UFJ 财富管理证券（100% 出资）、三菱 UFJ 美林 PB 证券（50% 出资）和三菱 UFJ 私人财务咨询（73.6% 出资）也提供私人银行服务。三菱 UFJ 证券和三菱 UFJ 信托银行都设有私人银行部门。

瑞穗金融集团中，瑞穗银行设有私人银行咨询业务部，不仅向顾客提供银行、证券和信托等金融商品，并和提供非金融商品及服务（不动产、艺术、慈善事业等）的企业进行合作，旨在提供与欧美金融机构相匹敌的综合私人银行服务。此外，瑞穗信托银行、瑞穗证券、瑞穗投资证券也都设有私人银行部门。

三井住友金融集团中，三井住友银行设置了个人、法人和企业金融部门三位一体的提案本部，并在其中设置了提供定制型商品和高度运营手法的私人银行事业部和专门针对事业继承的咨询部门。期待从个人交易和法人交易的两方面吸引企业主。2013 年 7 月 24 日，三井住友银行收购了 2002 年起在日本专门从事私人银行业务的唯一外资信托银行——法国兴业信托银行。另外，三井住友信托银行也提供专门的私人银行业务。

野村证券的金融管理总部也在推进上市企业、IPO 企业，以及个人资产管理领域方面的业务。全国的总店、分店由拥有高度资产管理服务经验的员工针对超富裕阶层、富裕阶层人士提供深度咨询服务。另外，从 2006 年 4 月开始，野村证券在全国的总店和分店通过面向富裕阶层的 SMA（资产管理账户），提供资产运用服务。

大和证券在 1999 年 7 月设立私人银行部，正式开始面向富裕阶层的业务。大和证券私人银行业务提供大和 SMA、保险商品、金融衍生债、不动产私募基金等商品，资产分配、事业继承等咨询服务、大和 LMS（有价证券担保贷款）、自有股份管理服务等。

（二）外资金融机构的私人银行业务

花旗银行是较早在日本开展私人银行业务的外资金融机构。1987 年，花旗银行首次在东京开设私人银行业务，到 90 年代后期在日本已拥有超过 100 人的私人银行家。然而，2004 年由于违反法律，花旗私人银行业务从日本撤出。

瑞士银行东京分行在东京、大阪和名古屋三地提供财富管理服务。此外，瑞银证券也在东京设有分公司，单独提供财富管理服务。瑞银专注于"瑞银咨询流程"这种独特的客户咨询流程。具体来说，以投资概况的听证会为开端，通过投资计划的提出、投资计划的执行、投资计划的回顾等一系列流程，提供与商品销售截然不同的服务。

汇丰银行私人银行开始于 1996 年，针对金融资产在 3 亿日元以上的富裕阶层、超富裕阶层，在汇丰银行东京分行以及汇丰证券东京分公司提供财富管理服务。此外，从 2008 年 1 月起，汇丰针对金融资产 1000 万日元以上的较富裕阶层，在东京、大阪等主要城市推出了名为 HSBC Premium 的财富管理服务。然而，2011 年年底，瑞士信贷收购了汇丰银行在日本的私人银行业务（资产 2 亿日元以上的最高端部分），2012 年，汇丰关闭了 HSBC Premium，完全撤出了面向富裕阶层的服务。

三菱 UFJ 美林 PB 证券公司是一家"东西合璧"的私人银行专业公司，成立于 2006 年 5 月。该公司的目标是接管美林日本证券的个人金融部门，融合美林的商品开发能力与三菱东京 UFJ 银行的客户基础，创建新型私人银行。2012 年 12 月 26 日，该公司被三菱 UFJ 证券和三菱东京 UFJ 银行收购。

此外，几年前，海外资产转移和移民成为热门话题，海外金融机构的私人银行家也积极从海外直接向日本超富裕阶层客户提供服务。之后在日本强化税务监督和各种反洗钱措施之下，资产转移仅成为一时的热潮。

表1 日本国内开展私人银行业务的主要金融机构

金融机构	业务开始年份	管理最低额	业务特点
瑞穗私人财富管理	2005 年	10 亿日元（包括非金融资产）	门槛高，为瑞穗金融集团的顶级客户提供量身定做的金融商品和投资组合管理，以及富裕阶层关心的健康、医疗、教育信息等。
三菱东京 UFJ 银行	非公开	非公开	三菱 UFJ 金融集团的各公司相互合作，以资产管理、遗产继承、事业继承为中心，提供量身定做的综合咨询服务。
三菱 UFJ 美林 PB 证券	2006 年	1 亿日元	充分利用美林的海外网络，根据客户需求，将私募等多种商品做成投资组合，提供运用方案。
三井住友金融集团·巴克莱	2010 年	5 亿日元	对三井住友银行的高级客户提供英国巴克莱的私人银行服务。在使用行为金融学分析顾客投资倾向方面特别有名。
野村证券	非公开	非公开	在全国的特定分店设置针对富裕阶层的营业部。最低 3 亿日元的全权委托投资管理。
大和证券	非公开	个别商议	主要针对上市和非上市公司企业主，提供企业经营、外汇交易、事业继承和遗产规划等服务。
瑞士信贷	2009 年	10 亿日元	有严格的开户审查制度。强项是量身定制债券提案。2011 年底，收购了汇丰银行在日本的私人银行业务。

金融机构	业务开始年份	管理最低额	业务特点
UBS（瑞士）	2004 年	2 亿日元	特点是对一个客户提供组织化管理的小组制度。在东京、名古屋和大阪都有分支机构，进行全面攻势。
Lombard Odier Darier Hentsch & Cie.（瑞士）	2008 年	1 亿日元（金融资产 3 亿日元）	为满足日本客户的新型需求，提供瑞士品质的服务，取得了开展信托业务的执照。以全权委托投资管理为主提供服务。除此之外，还提供遗嘱替代信托、子女教育支援等服务。

资料来源：《日经 VERITAS》（2012 年 5 月 27 日号）。

三 日本私人银行业务发展战略

从上述动向可以看出，近年，日本市场的外资私人银行业务相互整合，被日本本土金融集团收购的也不少。这对于日本金融机构发展私人银行业务来讲，既是机遇也是挑战。

首先，尽管日本是一个富有的国家，对私人银行服务的潜在需求很高，但传统的私人银行业务运营模式的重心在于税务规划和财富保护等，金融机构所提供的不过是金融商品销售提案，离私人银行业务所指向的购买代理理念有很大差别，后者需要构建世界范围的开放式业务平台，用最优选择的产品服务客户。其次，日本高端客户的需求与日俱增，寻求更多的信息、更好的机构表现、更广阔的服务产品线以及更低廉的价格。因此，日本的私人银行业务必须转变商业模式，从顾客需求的角度出发，开发更具战略意义的业务，侧重并不断提升运营控制能力。例如，加强对财富源泉的开发管理，从以不动产、绘画、贵金属等实物资产为对象的传统资产管理发展成为以人力资本、家族资本和社会资本为对象的新型资产管理模式，从企业资金和家族计划两个角度出发，为作为财富源泉的家族企业的收益性和成长性进行提案。再次，日本金融机构需要通过向海外发展，与海外金融机构合作，发掘在日本看不到的商机，并借此把握新的国际标准，及时应对顾客的国际化需求。这样既能确保留在日本国内的高端客户，也有利于开发海外高端市场。

另外，日本金融机构需要强化人才，以应对国际化的综合金融需求。例如，直接雇用或培养了解全球市场，同时又能使用流畅的英语及本地语言的私人银行家；采用创业人或家族企业中在企业资金或 M&A 领域有实际成绩的人才做家族企业资金顾问；取消金融机构的短期人事调动，促使加快积累相关技术和经验；延长退休年龄，发挥私人银行业务所需的综合金融知识和高度的顾客交流能力，兼顾对下一代的人才培养任务。除此之外，日本金融机构面向亚洲寻求更多的机会，还要制定针对外国富裕阶层的优惠制度。例如，对没有取得日本国籍或永久居住权的外国人，给予长期居留签证和资产税的非课税待遇等，以此提升日本作为亚洲富裕阶层资产保全中心的作用。

　　总之，从文化和社会制度的基础条件来看，日本拥有不逊于瑞士的吸引富裕阶层的基础条件，经济和政治也比较稳定，还有良好的司法制度，在亚洲私人银行业务领域拥有很强的竞争力。日本的金融机构如果能够及时调整战略，不仅能够吸引日本国内高端顾客，也能够吸引亚洲地区的新贵；不仅能为日本个人金融资产谋求更多的运用机会，也有助于为亚洲经济及金融市场的持续发展做贡献。

分报告一
日本税制与税务筹划

近年来，随着政府进行的一系列税收改革，日本税收比率不断提高，纳税基准结构性下调——越来越多的日本家族被纳入遗产税征收对象，巨额的遗产税费给这些日本家庭带来沉重的负担。2019 年 2 月 28 日，日本财务省公布 2019 年日本国民负担率①达到 42.8%。同时，日本国内市场的结构性缩小也预示着未来税制环境可能会更加严苛。本报告针对日本家业财富传承过程中可能涉及的个人所得税、遗产税、赠与税及房地产税进行了简单梳理，同时简要分析了日本税制大环境的变化趋势，最后根据日本家族企业客户财富管理的需求，提出规避高额税费，减少财富流失，实现家族财富有效传承的合理化建议。

---

① 国民负担率 =（税金 + 社保）/（税后收入 - 社保）。

一　税制概览

日本的税收制度主要由所得税、消费税与资产税三种构成，其中所得税类包括个人所得税和法人税。个人所得税是就个人的劳动所得和个人独资企业经营所得缴纳的税收，同时地方税务机构还要征收个人居民税及个人事业税。法人税的纳税人是以营利为目的的普通法人组织和其他有经营性收入的法人组织，可分为总部设在日本境内的国内法人和总部设在日本境外的外国法人，国内法人应当就其日本境内、境外的经营所得、清算所得、退休年金基金等所得缴纳法人税；外国法人只就其来源于日本境内的所得纳税，地方税务部门同时也会对法人公司征收法人居民税和法人事业税。

消费税类包括消费税以及以烟、酒、石油、天然气等特定消费品为课税对象所征收的其他税。日本的消费税自1989年征收，历经三次税改，目前税率为8%，2019年10月将上调至10%，其中为了保证中低收入群体的生活质量不受影响，政府规定食品等生活基本必需品税率依旧保持为8%。消费税实行扣税法，即纳税人根据账簿所记载的经营情况将进项税额从销项税额中扣除后向所管辖的税务机关申报纳税。

资产税类主要包括由国税部门负责征收的遗产税、赠予

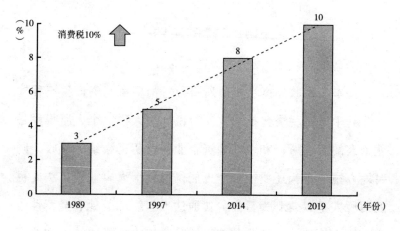

图1　日本消费税税率

数据来源：作者根据日本消费税法整理。

税、地价税、印花税和由地方税务部门负责征收的不动产购置税、固定资产税、特别土地所得税等。

（一）税种概况

1. 个人所得税

（1）纳税人

日本个人所得税的纳税人分为居民和非居民个人。居民指在日本境内拥有住所、居住时间满 1 年以上的个人；非居民指在日本境内无住所、居住不满 1 年的个人。居民应就来源于日本境内、境外的全部所得纳税，非居民只就其来源于日本境内的所得纳税。在日本居住满 5 年的海外移居者，即成为永久居民；居住不满 5 年，如因工作派遣到日本居住不满 1 年，通常作为非居民对待。

（2）征税对象、税率

日本个人所得税的纳税范围包括：①利息所得；②股息所得；③不动产所得；④经营所得；⑤工薪所得；⑥转让所得；⑦偶然所得；⑧山林所得；⑨退休所得；⑩其他所得。同时，有专门针对工薪阶层的"给予所得扣除"，是对职员、小时工等工薪族特有的抵扣额度，税前收入减去"给予所得扣除"为所得金额，税前收入对应的抵扣额度见表1。

表 1　日本工薪族收入所得扣除率表

税前工资	给予所得扣除额
180 万日元以下	收入金额 ×40% 不满 650000 日元时不扣税
180 万 ~ 360 万日元	收入金额 ×30% +180000 日元
360 万 ~ 660 万日元	收入金额 ×20% +540000 日元
660 万 ~ 1000 万日元	收入金额 ×10% +1200000 日元
超 1000 万日元	2200000 日元（上限）

数据来源：日本《所得税法》[平成 30 年（2018）法律第七号]。

所得金额还需要扣除"所得扣除"后才是"课税所得"，即个税起征对象。日本的"所得扣除"类似我国个税申报中的专项附加扣除，共有 14 项（详见表2）。不同的扣除项对应不同的额度，所得扣除累计金额越多，个税负担也就越轻。

表2　所得扣除额度（14项）

减免项目	减免金额	减免内容
基础扣除	38 万日元	适用于所有纳税人
社会保险	支付社保的全部金额	包括家庭成员的社保
配偶者扣除	38 万日元	抚养配偶年收入 150 万日元以下
配偶者特别扣除	3 万～36 万日元	抚养配偶年收入 150 万～201 万日元以下
抚养扣除	16 岁以上：38 万日元 19～22 岁：63 万日元。 70 岁以上（同居）：58 万日元 70 岁以上（非同居）：48 万日元	抚养亲属（范围：三亲六戚）
勤工俭学扣除	27 万日元	勤工俭学的学生（年收入 130 万日元以下）
生命保险料扣除	每个保险最大减免额 4 万日元（合计最大减免额 12 万日元）	有加入生命保险、医疗保险、个人养老保险项目的
医育费扣除	医疗费－年所得额×5%（或：医疗费－10 万日元）	一年中医疗费超过 10 万日元的
杂损扣除	损失额－年所得额×10%（或：损失额－5 万日元）	遭遇天灾或人祸的
地震保险料扣除	地震保险的全部金额（减免额上限 5 万日元）	有加入地震保险的
寡妇(夫)扣除	27 万日元（特别情况 35 万日元）	离婚或夫妻一方有死亡的
小企业共济挂金扣除	退休保险的全部金额	有加入"小企业退休保险"项目的
寄附金扣除	捐赠金额－2000 日元（不超过年所得的 40%）	有向国家、地方团体、非营利组织法人捐赠的
障害者扣除	27 万日元（特别残障人 40 万日元）	本人或抚养亲属是残障人士的

数据来源：日本《所得税法》［平成 30 年（2018）法律第七号］。

日本现行个人所得税采用累进税率制，课税所得适用的7级税档范围见表3。在计算最终所得税前，纳税额还需要扣除包括外国税额扣除、政党等寄附金特别扣除、公益社团法人等寄附金特别扣除、住宅耐震改修特别扣除、试验研究特别扣除等19项特定认可的税额扣除，才是个人最终应缴纳的所得税。不过，大部分纳税人是不涉及税额扣除中特殊减免项的，纳税额即为应缴所得税。因此，日本个人所得税的计算公式可以总结为：收入 - 给予所得扣除 = 所得金额 - 所得扣除 = 课税所得 × 税率 = 纳税额 - 税额扣除 = 所得税。

表3　日本个人所得税税率表

课税所得	税率(%)	扣除额
38 万日元以下	免税	
38 万 ~ 195 万日元	5	0
195 万 ~ 330 万日元	10	97500
330 万 ~ 695 万日元	20	427500
695 万 ~ 900 万日元	23	636000
200 万 ~ 1800 万日元	33	1536000
1800 万 ~ 4000 万日元	40	2796000
超 4000 万日元	45	4796000

数据来源：日本《所得税法》［平成30年（2018）法律第七号］。

2. 遗产税

（1）纳税人

遗产税的纳税人是因继承或遗赠取得财产的个人。在日本境内拥有住所的个人取得的全部资产均纳入征税范围。在日本境内没有住所，无日本国籍或有日本国籍但在境外居住满五年，仅就其国内资产征税。

（2）征税对象和税率

遗产税的征税对象原则上是继承人取得的继承或遗赠财产，包括具有经济价值的一切有形及无形资产。因而遗产税的征税对象不仅仅指动产和不动产，同时还包含特许权、著作权等无形财产权和矿业权、渔业权等经营权利，以及私法、公法上的各种债权。另外，继承人领取的死亡保险赔付和死亡退休金也纳入征税范围。

免征遗产税的范围包含：皇室成员继承的财产；墓地、神龛、佛坛；用于宗教、慈善、学术或公益目的的继承财产；继承人因被继承人死亡获得的死亡保险赔付款和死亡退休金的一部分，死亡保险赔付款和死亡退休金的最高免征限额分别按 500 万日元乘以法定继承人数计算。

日本税法于 2003 年 1 月 1 日起将遗产税规定为 6 档累进税率，基础扣除额为"5000 万日元 + 1000 万日元 × 法定继承人数"；2015 年 1 月 1 日实行了新的遗产税改革，其中遗产税计算的基础抵扣额发生了较大的变化，基础抵扣额减

少了四成，规定新的遗产税基础抵扣额为："3000 万日元 +
600 万日元 × 法定继承人数"，税率也较之前有所增加，使
得遗产税缴纳额进一步增加。如表 4 所示，总资产 2~3 亿
日元，以及 6 亿日元以上的，税率均有所增加。

表 4　遗产税税率表

法定继承人取得金额	旧税率（%）	新税率（%）	扣除额（万）
1000 万日元以下	10	10	—
1000 万 ~3000 万日元	15	15	50
3000 万 ~5000 万日元	20	20	200
5000 万 ~1 亿日元	30	30	700
1 亿 ~2 亿日元	40	40	1700
2 亿 ~3 亿日元		45	2700
3 亿 ~6 亿日元	50	50	4200
超 6 亿日元		55	7200

数据来源：日本《继承税法》［平成 30 年（2018）法律第七号］。

3. 赠与税

（1）纳税人

赠与税的纳税人是因赠与取得财产的个人。在日本境内
拥有住所的个人就其取得的全部财产缴纳赠与税；在日本无
住所的个人，仅就其国内财产缴纳赠与税；无境内住所的有
日本国籍者，需要就其国外继承财产缴纳赠与税。

（2）征税对象和税率

赠与税指因个人赠与财产缴纳的相关税费，而因公司或

者法人赠与财产则需要缴纳所得税。另外，如果被保险人保费由他人负担，同时作为生命保险受益人，收到的赔偿金需要缴纳赠与税；若投保人与被保险人为同一人，且自己足额缴纳保费，此时其家属收到的保险公司赔款就不再算作赠与，而需要缴纳遗产税。

不需要缴纳赠与税的情形包括：来自法人的受赠财产；抚养义务人相互间用于生活费和教育费的受赠财产；重症残疾人取得的信托受益权价值 6000 万日元以内的部分；子女无偿租用父母的土地建造房屋时，对其房屋使用权不征税；结婚在 20 年以上的夫妻之间赠与不超过 2000 万日元的居住用不动产，离婚时财产普通的分割赠与等。

日本赠与税的基础扣除额为 110 万日元，基础扣除后的课税价格和税率、扣除额的关系见表 5。下面举例说明，计算收到 1500 万日元赠与时的赠与税，征税价格（扣除基础扣除额 110 万日元），即 1500 万日元 - 110 万日元 = 1390 万日元，适用于征税价格的税率和控制额，即 1390 万日元 × 40% - 190 万日元 = 366 万日元。

表 5　日本赠与税税率表

基础扣除后的课税金额	税率（%）	扣除额
200 万日元以下	10	—
400 万日元以下	15	10 万
600 万日元以下	20	30 万

续表

基础扣除后的课税金额	税率（%）	扣除额
1000 万日元以下	30	90 万
1500 万日元以下	40	190 万
3000 万日元以下	45	265 万
4500 万日元以下	50	415 万
超 4500 万日元	55	640 万

数据来源：日本《继承税法》［平成 30 年（2018）法律第七号］。

4. 房产税①

（1）纳税人

房产税是以不动产的计税余值或租金收入为计税依据，向产权所有人征收的一种财产税。根据日本民法第 86 条，不动产被定义为"土地及其附着物"，附着物一般认定为建筑物。由于日本的房屋以便于拆迁的木制结构为主，很容易对土地与房屋进行划分，土地是土地，房屋是房屋，土地和建筑物通常被当作不同的财产。一般而言，房地产中的土地价值约占总体价值的 3/4，建筑物价值约占 1/4。在城市中，土地绝大部分属于私人所有。外国人和外国法人与日本人和日本法人同样可以保有日本的土地，外国人对日本的土地投资通常没有限制，外国人购买土地也不需要日本政府的事先许可。

---

① 董裕平、宣晓影：《日本的房地产税收制度与调控效应及其启示》，《金融评论》2011 年第 3 期，第 104～113 页。

（2）征税对象和税率

日本房地产相关的课税类别涉及房地产的取得、保有和转让各个环节（详见表6），仍然分为国税和地方税两个层次。

取得阶段。有登记税、印花税、房地产购置税，有针对房地产的继承与赠与的课税，购置房屋（土地除外）时还要缴纳消费税。

保有阶段。一般要缴纳物业税和都市计划税（特别土地保有税和地价税现已停止征收），以及针对房地产收益的所得税、法人税和居民税等。物业税的缴纳人，原则上是物业（土地、房屋、折旧资产）的所有者，即登记本或土地补充课税台账上作为所有者被登记或登录的人。物业税不向借地权征收，由于土地所有人会将税额转嫁到借地费上，可以说相当于借地人间接地负担了物业税。通常借地费设定为物业税额的几倍，住宅地大概是 3 ~ 5 倍，将其 12 等分就是每个月的借地费。也就是说如果土地所有人全额负担物业税的话，借地人只需向土地所有人缴纳借地费即可（借地费 − 税额 = 土地所有人的借地权收益）。借地合同的特约条款中会对借地人纳税和负担公共费用做出安排。

转让阶段。对出租收益和作为商品的房地产买卖收益征收所得税、法人税和居民税等。征收房地产转让税主要是为了抑制投机行为，稳定房地产市场。保有五年以上的房地产转让收益所得税税率为 15%，居民税税率为 5%；保有五年以下的房地产转让收益所得税税率为 30%，居民税税率为 9%。日本在不动产转让所得类课税中采取了减免措施。

表 6 日本房产税税率表

环节	地方税	国税
取得阶段	房地产购置税 4% 购置关联的特别土地保有税 3%（已停止） 地方消费税 1%	登记税 0.4% ~ 2%（按取得方式） 印花税 消费税 5% 遗产税、赠与税 10% ~ 55% 累进税率
保有阶段	物业税 1.4%，都市计划税 0.3% 持有关联的特别土地保有税 1.4%（已停止） 个人和法人的居民税 事业所得税、事业税	所得税 法人税 地价税（已停止）
转让阶段	个人和法人的居民税 9% 或事业税 5%	所得税 30% 或 15% 法人税 登记税 印花税

资料来源：日本国土交通省网页，http://www.mlit.go.jp。

（二）税制环境

近年来，随着日本一系列税改的不断调整，日本的财富传承面临着越来越严苛的税制环境。一是纳税比率不断提高。消费税税率由 1997 年的 5% 在 2014 年调整至 8%，2019 年 10 月将提升至 10%；对超过 6 亿日元以上的资产征收遗产税，最高税率从 50% 提升至 55%；赠与税的最高税率也提升至 55%。二是降低纳税基准，使更多的日本普通市民成为遗产税纳税对象。遗产税的基础扣除从"5000 万日元 +1000 万日元 × 法定继承人数"降低至"3000 万日元 +600 万日元 × 法定继承人数"，降低了近四成。三是增加新税种。自 2013 年起个税增加了 2.1% 的"东日本大地震复兴特别所得税"；2019 年 1 月 7 日起正式向日本出境旅客征收固定"出境税"，所有从日本出境的人将在购买机票、船票等时被征收 1000 日元（约 64 元人民币）的税费，日本政府预计该税种今年将会带来约 500 亿日元（约合 31.6 亿元人民币）的税收。

日本提高税率、降低纳税基准的背后，其主要原因是目前日本国内市场结构性缩小。为了保证财政收入的充裕，政府只能不断增加税收。日本的中长期潜在增长率近几年一直处于低迷状态，仅为高速增长期的1/4。另外，2018 年（平成 30 年）日本人口总数为 1.2620 亿，联合国经济和社会事务部预测本世纪末人口总数将会下降至 8500 万，因此未来的税制环境可能会更加严苛。越来越多的日本家族也逐渐意识到这一大环境趋势，将财富管理目标从追求财富增值转向财富传承，如何在税法规定框架中实现家族财富的有效传承，规避高额税费造成的家族财富损失日益成为日本家族企业财富管理的重要需求。

二　常见税务筹划方式

常见的税务筹划不外乎金融和非金融两大类。鉴于此，我们也从金融和非金融服务两个维度阐释日本居民的税务筹划方式。

（一）金融层面

第一，提前购买保险

一般来讲，日本的家族企业主都会提前为自己购买大额的生命保险，或以信托形式持有保单，明确信托目的用于支付遗产税。这样到了进行家族财富传承的时候，从保险公司获得的保险金可以部分用于缴纳遗产税。另一方面，累计缴纳的保险费可以一定程度上降低遗产统计总额。随着遗产税纳税基准的降低，越来越多的家庭需要考虑缴纳遗产税，同时日本的遗产税法规定，遗产税的缴纳，原则上要求用现金进行一次性支付。因此，需要提前规划好家族的纳税资金，避免给继承人增加负担。

第二，成立信托基金

将基金所得到的收益按照指定用途使用或分配给受益人，因为基金不涉及死亡概念，也就可以完全避免遗产税。但信托基金的创立需要包括信托管理人的报酬、收入所得的纳税支出等，若成立信托规模不够大，成立基金的费用可能比遗产税还多。

第三，设立离岸信托基金

提前把资产交付到免征遗产税或遗产税率较低的地区，例如英属维尔京群岛、开曼群岛、巴哈马、加拿大、澳大利亚等。除了通过投资海外基金、国外股票、注册离岸公司等，可以通过设立离岸信托转移资产，将现金、股票、保单、房产等有形资产、无形资产全部转移至离岸信托。根据信托定义，离岸信托的所有权属于受托人，也就不受遗产税影响。同样，离岸信托也需要缴纳一定的成立费用、信托管理费和法律费用等，应该根据资产的具体规模衡量，不适用小规模的遗产筹划。

（二）非金融层面

第一，增加合法继承人数量，降低税率等级

日本遗产税采取的是累进税制，课税的金额越大，遗产税税率也就越高。目前日本遗产税法规定的基础扣除为"3000万日元＋600万日元×法定继承人数"，所以多一个合法继承人，扣除金额就会增加600万日元，课税对象会相应减少，需要缴纳的遗产税自然也会减少。而且，若增加合法继承人的扣除正好能让课税金额对应的税率下降一个等级，那么就能够形成更明显的减税效应。

由此，下一代继承人的数目也是日本家业财富传承的关键要素。只要多一个合法继承人，就可以合法地少交一部分遗产税。日本的百年老铺企业中，基本上都会有三个或三个以上的"合法继承人"后代，如"增田德兵卫商店"的现任第十四代总裁、"半兵卫麸"的第十一代店主、近江商人企业"塚喜集团"的第六代总裁都有三个孩子作为合法继承人。

同时，日本的养子可以作为合法继承人，也可以合理地减少遗产税。但是，不能无限制地认领养子。根据日本遗产税税法规定，如果被继承人已经有亲生孩子，那么养子最多可以算作一个合法继承人；如果被继承人没有自己的亲生孩子，那么养子最多可以算作两个合法继承人。

第二，修建住宅降低税费

在日本，由于国土面积有限，政府更希望能够充分高效地利用土地资源。相比有建筑物的土地，空地往往要缴纳更多的固定资产税和遗产税。因此，土地作为家族财产进行传承时，通常在土地上修建住宅并出租给他人，一方面可以降低固定资产税和遗产税，另一方面也能带来房租收入。

第三，支付退职金，降低家族财产评估价格

根据日本税法规定，除红利外，支付给董事、雇员的报酬允许扣除，规定该数额应按合理标准支付，并不能超出该标准。同时，也需经股东认可或在公司章程中规定。家族企业在接班传承过程中通过向家族企业上一代经营者（被继承人）一次性支付退职金，会直接减少公司的利润，达到降低家族财产评估价值的目的。减少家族企业财富的总量，便能够实现相关税费的降低，这种方法可操作性强，同时财富在家族内的转移并没有造成家族财富实质的流失，因此应用比较广泛，例如拥有 800 多年经营历史的"菊冈汉方药局"的第二十四代店主菊冈泰政，在传承家业过程中为了节税，就曾以家族企业的名义向其父亲支付过一笔约 5 亿日元的退职金。

第四，生前赠与减少遗产总额

被继承人在自己生前将财产有规划地通过赠与的方式转移到家族后代名下，减少需要传承的遗产总额，从而减少需要缴纳的遗产税。日本的赠与税法规定，每年的赠与金额不超过 110 万日元的部分可以免税（日本赠与税的累进税率见表 6）。所以，有计划地合理利用这些条件和特别条款，就可以实现合理的避税。另外，日本的遗产税法中规定：财产继承行为需要向前追溯三年，这期间发生的全部赠与财产需要合算征收遗产税。所以，如果想要赠与转移就要尽早进行并有计划地实施。

有着 344 年经营历史的清酒企业"增田德兵卫商店"的第十四代总裁增田德兵卫先生，已经提前采取行动，开始有计划地将自己的公司股份赠与两个儿子和一个女儿，以减少日后家业传承时的遗产税。经过连续多年的赠与（在免税额度110万日元内），目前公司的股份已基本均匀分散在妻子和三个孩子名下。增田德兵卫社长表示，这样分散股权的做法一方面可以避免权利过于集中在长子身上，给公司带来经营风险；另一方面，日后家业需传承时，继承者便可直接从家族其他成员手中回购公司的股份，名正言顺地继承公司，同时其他家族成员也会在股权交易中得到一部分资金，家族财富得以顺利传承。

分报告二
家业传承模式与案例

东京商工调查公司 2017 年调查数据显示，日本拥有超过 100 年历史的长寿企业有 33069 家，其中有 200 年以上历史的企业 3937 家、有 300 年以上历史的企业 1938 家、超过 500 年历史的企业 147 家、超过 1000 年历史的企业 21 家。此外，由韩国央行开展的一项涉及 41 个国家的研究发现（2018 年），在所有历史超过 200 年的公司中，日本公司占 50% 以上。日本，这个全世界拥有长寿企业最多的国家，作为与中国有着极相似文化背景的国度，究竟以何种传承模式使企业延续？又有哪些成功经验值得我们学习借鉴？鉴于此，本报告分别从日本家族企业的传承模式和成功关键要素两大方面，结合实际案例进行具体分析。

一 "家元制度"下的传承模式

目前，日本家族企业在继承模式上主要践行血缘或超血缘的单子继承制，认领"养子"在日本是一种十分普遍的现象，且养子有权替代直系亲属继承企业。家族企业所有权和经营权的分配主要有两种模式，一种为单子继承所有权及经营权，一种为两权分离，由继任者和职业经理人分别继承所有权和经营权。

（一）血缘＋超血缘继承模式

《史记·越王勾践世家》有道："家有长子曰家督"，家督制即（嫡）长子继承制（也可称为"单子继承制"），由长子继承家中所有的财产，同时继承相应的家长权利与义务。中国的家督制度在历史的演变中逐渐确定为严格意义上的"子承父业"，中国古语有云"不孝有三，无后为大"，从第一位皇帝——秦始皇开始，中国便对"千秋万代""子孙相传"情有独钟。而日本将家督制度延伸拓展，"家"不仅限于血缘或姻亲关系。日本将血缘关系模糊化，演变为以"家业"和"家族荣誉"为核心的家元制度，家族企业可通过家族血脉或超越血缘完成企业的传承。

家元制度自平安时代（约公元794年始）起便初步形成，制度理念深入人心。日本家族企业除传承给直系亲属或旁支血亲外，最常见的就是非血缘继承——"成人收养制"。日本有句古语"铸就百年老铺基础的是三代之中有一养子"，日本每年的成人收养占收养总数的 98% 左右①，法律规定双方只要达到法定年龄（15 岁）即可自愿形成收养与被收养的关系，被收养人将姓氏改为收养家族的姓氏，其中养子有"婿养子""持参金养子""嫁养子"等多种形式。下面以近江商人塚喜集团和日本四大财阀之一住友集团为例，解析日本家元制度下其家族企业的传承模式。

> 塚喜集团

塚喜集团创立于 1867 年，距今已有 152 年的历史，主业为和服制作，同时经营皮毛和房地产业务，现今已传承至第六代，从第三代开创家业至今，三代继承人均为养子。塚喜集团的第三代（养子）承袭家名并白手起家，12 岁便去当地做学徒，学习和服的制造经营，开创家业，由于没有子嗣，便从亲戚家收养养子继承家业；第四代依旧无子嗣，收其夫人的外甥为养子，传承至第五代；第六代塚本喜左卫门为直系血亲（详见图 1）。

> 住友集团

住友集团始于 16 世纪末 17 世纪初，有 400 多年的历史，创立初期经营药铺和书屋，而后致力于铜的冶炼与精造，至今已传承至第十七代，其间由亲属、养子或婿养子继

---

① 赵欣如：《日本家族企业的传承模式》，《现代企业文化》2013 年第 15 期，第 76 ~ 77 页。

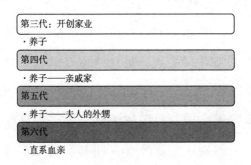

第三代：开创家业
·养子
第四代
·养子——亲戚家
第五代
·养子——夫人的外甥
第六代
·直系血亲

图1　塚喜家族传承路径

资料来源：作者根据相关资料整理。

承，主要以男子单独继承为主。住友集团第一代住友政友，其所撰《文殊院旨意书》被住友家族作为制定家法的精神要义，住友政友被称为住友家族的"家祖"。住友政友的姐姐与苏我理右卫门成婚，其子苏我理兵卫同住友政友的女儿结婚，并被住友政友收为"婿养子"，更名为住友友以。住友友以将其父亲苏我理右卫门开创的"南蛮吹铜术"带至住友家中并在住友的家族企业中沿袭发展下来，他也成为住友家族第二代，被称为住友家族的"业祖"①。

住友友以与原配妻子育有一子一女，原配妻子不幸去世后迎娶岩井家善右卫门之女为续弦，后妻之子友信接任第三代，友信之子友芳接任第四代。第五代继承人友昌因身体抱

---

① 官文娜：《日本住友家业的源头与家业继承——日本人的"家"与"家业"理念的历史考察》，《世界历史》，2010，第43～44页。

恙，由异母弟友俊代为管理住友家政。后友昌之子友纪虽顺利接任第六代，但同叔叔友俊经历了长达 30 年的对立纷争。友纪之子友辅接任第七代，第八代由友辅之子住友友端继任，住友家族第二代起至第八代均为直系血缘继承。

住友友端无子嗣，收冈村淡路为养子，任住友家族第九代继承者，改姓住友友闻（友闻其实为友信之子正以的后裔），其后第十二代和第十四代由于前任继承人突然离世，无人接班。为延续家业首次由第十一代友训的弟弟和弟媳继承了家主之位。第十五代由第十二代友亲的婿养子友纯（原名德大寺龙麿，拥有日本皇族血统）继任，第十六代由友纯的次子友成继任，由于友成仅生有二女，第十七代家主由其弟元夫长子芳夫接任（住友家族谱系图见附件一）。

日本平安时代（公元 794 年～公元 1192 年）以来，不同于"传儿不传女""传女不传婿"的风俗习惯，日本凭借养子制度在家元制度下超越血缘，完成了日本"儿子的再分配"乃至整个社会"人才资源的再分配"。可见，从家业传承经验来看，日本家族企业所推崇的传承理念是"遗财为下，遗业为中，遗人为上"①。

---

① 窦少杰、程良越、河口充勇与桑木小惠子：《百年传承的秘密——日本京都百年老店的家业传承》，浙江大学出版社，2014，第 9～120 页。

（二）所有权和经营权分配模式

日本家族企业其所有权和经营权传承一般有两种交接方式，第一种为单子继承制，即所有权和经营权均归继任者一人所有；第二种是职业经理人制度，即所有权和经营权分离，由职业经理人掌管经营权。

（1）单子继承

一般而言，日本最常见的是完全的单子继承制，即所有权和经营权均归继承人所有，继任者继承所有的财产、权利以及义务，并成为家主，其他子女无继承权，最多可领取维持生存的财物或在企业中作为普通员工谋生，有能力者可创办新事业或担任其他家族的"养子"继承他族企业。随着平权思想的普及和深入，家族企业的其他子嗣亦可获得部分继承权，但是所有权仍集中在继任者手中。

➢堀金箔粉

始于1711年的堀金箔粉株式会社，从初代创业者到第十代继承人，已顺利完成了九次家业交接，家族主要生产经营金箔、烫金箔等。第十代继承人堀智行于300年店庆（2011年）时完成了权利接棒。堀智行继承了堀金箔粉的所有股份、土地和家族责任，他的姐姐只拿到了一些钱，可以做其他生意，但不允许从事金箔产业。堀家自初代传承以来，遵循四项传承原则，第一，兄弟姐妹不做同行；第二，按照人品和能力选择接班人；第三，土地和股份完全留给接班人；第四，接班人负责管理家族的一切事务。堀智行曾言："我现在在做的这些努力和尝试，都是在为下一代总裁尽量多播下一些种子，希望他上任的时候，这些种子里面有的可以生根发芽并成为公司发展的新方向。当然，不光我是这样，代代都是如此。"这是日本家族企业中典型的单子继承。

（2）所有权和经营权分离

职业经理人制度可以追溯到中国著名商帮——晋商票号的东掌制，东掌制下股东将资金运用权、职员调配权以及业务的经营权划归大掌柜（即经理），委托其全权经营票号，股东不得过问一切日常经营管理事务，且股东亲属不得在本票号任职，实现了票号所有权和经营权的分离。不同于东掌制，一般来说，日本家族企业在传承时虽将经营权交由职业经理人，但同时对企业的经营管理保有一定话语权。

➤ 倩朋（C'BON）株式会社

倩朋化妆品公司创立于1966年，其创始人犬塚家族七代从医，第二代小犬塚在30岁时接班，由于第三代无心致力于经营家族企业，最终由倩朋员工金子女士接任总裁一职。金子女士从研发员工做起，历经十年时间，通过自身努力最终接手职业经理人之位。倩朋经营权由金子女士全权接管，所有权仍归犬塚家族所有，家族成员仅作为会长持股，并给予经营意见。

> 三井集团

三井产业集团（前三井大财团）是日本最早的垄断财团之一，拥有数百家公司，旗下公司总资产相加可能足以居世界 500 强之首。400 多年前，三井家族的始祖三井高利与其长子高平、次子高富和三子高治一起在江户本町一丁目开设了"越后屋吴服（和服）店"（即今天的"三越百货"，乃日本历史最悠久的百货公司之一），至此，三井集团发展地基筑起。1688 年，三井在江户、京都、大阪等地开设了 11 家店铺。第一次世界大战期间，三井家族同日本政府签订合约生产军需品，三井财阀成为当时日本最大的垄断资本集团。但由于"五·一五事件"① 和"二·二六事件"② 后军部和右翼势力对财阀的打击，三井家族退出一线并减持公

---

① 以海军少壮派军人为主举行的法西斯政变。政变者袭击首相官邸、警视厅、内大臣牧野伸显邸宅、三菱银行、政友会总部以及东京周围变电所，结果，成立以海军大将斋藤实为首的所谓"举国一致"的内阁，政党内阁时代结束。

② 发生于日本帝国的一次失败兵变，日本帝国陆军的部分"皇道派"青年军官率领千余名士兵对政府及军方高级成员中的"统制派"意识形态对手与反对者进行刺杀，最终政变遭到扑灭，结果以军部为首的法西斯逐步发展壮大。

开持股数。二战后，驻日盟军总司令部（GHQ）① 下令解散支配日本产业和金融的财阀，1946 年三井总公司解散，1947 年三井物产解散，三井财阀完全解体。

三井家族实行"总有制"，坚持"分家不分业"的理念，即所有权归家族所有，本家和连家（即直系血亲和旁系血亲）仅持有部分收益分配权，类同于我国徽商官利红利下的分产不分业继承模式——父辈将家族企业的商业资本均分给子辈，原有的家族企业旗号不变，由子辈共同经营、轮流经营或委托经营；继承商业资本而不参与商业经营的子辈享有官利（无论企业经营好坏，按约定每年必须定期支付的固定比例），参与经营的子辈或其他受托方则享有官利之外利润的分配权利②。"总有制"下，三井家族长子为主要继承者，同其余家族成员相互制衡（高利遗产分配情况见表 1，总有资产 7 万两白银，分 70 份分配）。此外，三井家族设立了"大元方"作为三井事业的中央机构，其成员包含六个本家和三个连家，对三井旗下门店及财产统一决策管理并定期举行会议，决定三井管理干部任用以及三井事业未来发展。

---

① 驻日盟军总司令部（GHQ）是第二次世界大战后（1945～1952 年）美国以盟国的名义占领日本的最高管理机构，实际上是美国政府指挥下的美军单独占领日本的总司令部。

② 罗苓宁、王增武与张凯：《家族企业激励机制设计的分析框架》，《经济社会体制比较》2018 年第 4 期，第 174～183 页。

表1 三井家族的财产分配情况

亲属关系	名字	持有份额	比例%
长子	八郎兵卫 高平	29.0	41.4
次子	八郎右卫门 高富	13.0	18.6
三子	三郎助 高治	9.0	12.9
四子	次郎右卫门高清 高伴	7.5	10.7
六子	源右卫门利昌 高好	4.5	6.4
长女夫妻	则右卫门 弘孝·みね	2.0	2.9
九子	勘右卫门 高久	1.5	2.1
十子	九郎右卫门 高光 高春	1.2	1.7
题跋者	宗左卫门（五子安长）	1.5	2.1
	吉郎右卫门 俊信·みち	0.8	1.2
总计		70	100

资料来源：王世权、杨斌：《所有权控制与家族企业成长——基于日本三井的案例分析》，《管理学报》2009年第6（12）期，第1702~1708页。

从初创到财阀的发展过程中，三井在其关键发展时期不无职业经理人的身影，三井村利左卫门、中上川彦次郎、中西宗助、池田成彬等均对三井做出了重大贡献，对三井的发展起到了至关重要的作用。1982年，日本银行成立，同政府有密切往来的三井银行受到极大影响。首先，经办的公款业务减少；其次，受制于高官私人贷款长期拖欠，银行呆账日益增加，至1982年年底，无法收回的死账已近250万日元。此时，职业经理人中上川彦次郎对三井银行进行了由内而外大刀阔斧的改革，改革人事制度提拔新人、设立"放款整理股"清理死账。可想而知，这其中必然受到系统内或系统外相关利益人的反对与阻挠，但其中也得到了三井新任总裁三井高保的支持，使得三井最终"脱胎换骨"，脱去了政商的"马甲"。三井职业经理人的成功引入，一方面得益于对职业经理人的充分授权，另一方面得益于"大元方"对职业经理人的制衡。不同于我国晋商东掌制对经理人的"全权授权"及所有人对一切日常经营事务不得过问，三井对其职业经理人是"充分授权"，同时"大元方"也参与到企业的经营决策之中。

二　家业传承的关键要素

日本家族企业得以传承百年乃至千年，除却其特有的血缘＋超血缘传承机制，还依托于日本稳定的外部环境，天然的地政学优势（四面环海、风高浪急）使其不曾真正遭受外来侵害；"内战"也基本发生在局部范围；同时天皇现今已传至 126 代。除此之外，从日本社会制度的文化理念来看，日本家族企业所践行的"家业至上""匠人精神""保守"的经营理念和长期的经营视野是其得以百年经营的关键要素。

第一，家业至上。一般而言，中国的"家"以血缘为纽带，"子又生孙，孙又生子；子又有子，子又有孙"，而后寻求家业的世代永续。而在日本人看来，"家"是以家业为中心，血缘非必要条件，家业的世代传承是首要任务，血缘仅是财产及权利分配的参考依据。这也正是前文所提到的养子制度得以在日本盛行的主要原因。"传长不传次、传贤不传亲，传一不传多"①，日本家族企业中家业的继承者的能力要素重于家族血缘要素，可能也正因如此，中国从春秋战国到辛亥革命，能相传百年的民营企业已寥寥无几，而日本的百年企业只京都一城便有900余家②。

第二，匠人精神。"匠人"（或"职人"）在日本是对精湛手工艺者的统称，当下对匠人的定义不仅限于形容传统手工艺行业的手艺人，同时也可泛指各行各业掌握高超技艺的从业者。日本作家司马辽太郎在《日本的原型》中曾说："日本保存了世界上少有的尊重匠人的文化。"人们敬畏本职，将其职业看作"神业"、职场视作"神棚"，核心在于继承"祖业"，将其延续而非占据"祖业"的所有权。松下电器创始人松下幸之助在其所著《实践管理哲学》一书中写道"企业乃社会之公器"。此外，在匠人文化的背景下，从业者追求"一生悬命"和"一筋"，即一生专注于一业，从精湛制造再到声名远播，最后到技艺的炉火纯青，从一而终，代代相承。以日本家族企业产品的人性化设计为例，由

---

① 李华刚：《千年传承的日本企业》，《企业研究》2017年第12期，第26~29页。
② 窦少杰、程良越：《京都老铺的百年基因》，《中国品牌》2018年第2期，第82~84页。

于日本女性十分注重面子，如厕时都不希望听到声音，此时可以按下马桶上的音乐按钮，掩盖掉如厕时的声音；再如日本泡泡玉肥皂的精细化生产，普通肥皂的制作过程约 4 小时，而泡泡玉肥皂坚持沿用传统的"铁锅制法"，生产过程中需调动人体五官进行周密的检查（望、听、闻、舔），仅天然油脂的熬煮所需时间便高达 1 小时①。

第三，"保守"经营。"保守"经营，顾名思义，是指企业不冒险发展和经营，这种"保守"一方面体现在企业不追求暴利和盲目的扩张，将质量、服务和信誉置于盈利之上。另一方面体现在坚持本业，不随意转向他业以谋求新的发展。前文所提到的百年老铺堀金箔粉第十代总裁堀智行先生曾提及"身长经营"，即根据自身能力量力经营，不做超出自己能力范围的事情。在三百多年的经营中，堀金箔粉始终坚持三条理念："适度规模和坚守本业""信用第一"和"自我革新"。再如创立于 1689 年的半兵卫麸第十代传人的选任，为防止长子和次子（很有经商头脑）将家业迅速做大，第九代家主将家主之位传给了"安分守己"的老四，望其"保守"经营。再看拥有 1200 年以上经营历史的"传来工房"，社长桥本和良先生对为何不进军中国市场的回答

---

① 后藤俊夫：《工匠精神：日本家族企业的长寿基因》，中国人民大学出版社，2018 年，第 1~83 页。

是"我们企业的目标是建成伟大的企业，而不是建成巨大的企业"。根据日本帝国数据库银行 2014 年 9 月发布的数据信息显示，八成以上的老铺企业都是年销售额不超过 10 亿日元（约合 6000 万元人民币）的中小或中坚企业。

第四，百年经营。1997 年管理大师阿里·德赫斯在《长寿公司》中首次提出"生命型企业"的概念，即企业以长期经营视角管理企业，寻求企业生命的延续所带来的持久经济利益，并形成良性循环。日本家族企业多为生命型企业，短期利润最大化不是企业经营的着眼点，其核心在于企业的长期永续。2018 年 8 月 24 日，松下公司在 100 周年之际宣布了其未来 100 年的经营战略规划。日本经济大学经营学院院长后藤俊夫在拜访一位长寿家族企业经营者时，该经营者也提出了 100 年经营法则。即"短期 10 年、中期 30 年、长期 100 年"规划，短期 10 年旨在培养并安排下一代接班人；中期 30 年旨在由企业主带领企业向前发展；而长期 100 年旨在构建灵活机制，考虑未来三代的发展。

三 简短小结

综上，本报告主要结合具体案例阐释了日本家族企业的"血缘＋超血缘"继承模式及其背后所有权和经营权的分配模式。报告还从制度文化理念着手，分析了日本企业实现百年经营的关键要素。从传承模式上看，不同于中国的"诸子均分"，日本主要以单子继承为主，且可由"养子""婿养子"等非血缘子嗣继承，继承制度合理灵活。继任者继任一家之主，不仅继承财产及所有权，同时也继承相应的权利与责任，无论是完全的单子继承制，还是职业经理人制度，都保证了所有权的集中。在幕府时代（公元 1192 年 ~ 公元 1867 年）之前，日本同样实行家产诸子均分制，但随着时间的推移，家产呈边际递减，众多家族产业最终走向了消亡，江户名著的《世镜抄》写道"末代之乱逆，子孙不和之基"。从制度文化理念看，一方面，家元制度下所形成的"家业至上"理念可谓日本老铺永续传承的关键。超越血缘，以人为上，每一位继承者均非产业的所有者，而是经营管理者。此外，为社会所尊崇的匠人精神使"日本制造"响彻全世界。另一方面，"保守"经营的本业恪守使得企业不断精益求精。虽然时代不断变迁，但百年规划的灵活框架让老铺在应对之时多一份从容。如果说"家业至上"是房子支柱的外壳，那么"匠人精神"便是支柱的实心，经营规划的长期视角便是房子的框架，而"保守"经营则是打开日本老铺的一扇门。

附录一 住友家族谱系图

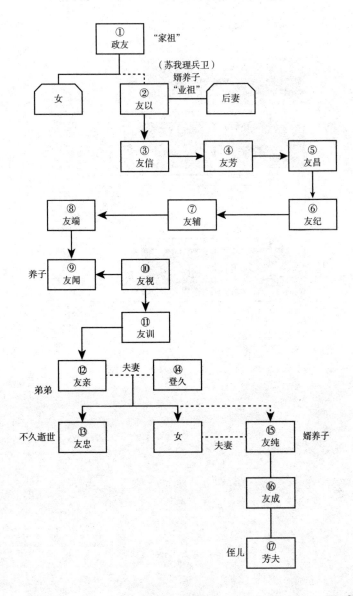

附录二　三井家族十二代谱系图

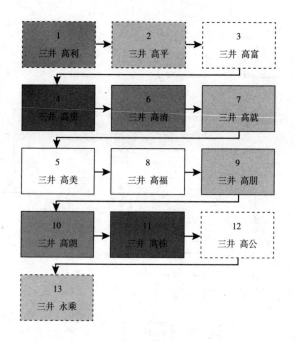

分报告三
日本财团法人概说

日本财团法人经历了"营利"与"公益"的划分至"营利"与"非营利"认定的转变，逐渐发展成熟，其通过"捐赠意志（指导）＋评议员会（决议）＋理事会（执行）＋监事（监督）"的运行模式实现了财团法人的稳健运营。本分报告在对日本财团法人特征分析的前提下，简单梳理了日本食品化学研究振兴财团和横滨企业经营支援财团两大公益财团法人的组织架构及业务运行，并进而分析财团法人的独特优势，最后将我国《中华人民共和国慈善法》（以下简称"慈善法"）下的慈善基金与日本财团法人进行法律地位、信息披露、内部管理、外部监督、慈善项目考察五方面对比，并提出相关建议。

一　基本定义

财团法人主要是指以目的财产为中心的法人，其与社团法人的主要不同点是不以成员为中心，财团法人的运营是以设立人所预先设置的目的为根本，财团法人与社团法人的主要不同之处见表1。

表1　财团法人与社团法人的区别

	财团法人	社团法人
决议机关	评议员会	社员大会
法人中心	目的财产	社员
设置机关	评议员、评议员会、理事、理事会以及监事	社员大会、理事或理事会、监事、会计监查人
信息披露与公示	需履行	需履行
章程变更	评议员会决议	社员大会决议
剩余财产归属	由章程规定，在章程无法确定的情况下由评议员会决定	由章程规定，在章程无法确定的情况下由社员大会决定

资料来源：作者整理。

为在法律层面上对财团法人进行相关规定，日本关于财团法人的民法法律主要经历了如下三个阶段：第一阶段，日本旧民法①参考了德国的体系，但未采用德国"营利"与"非营利"的划分方式，而是将法人限定于"学术、技艺、慈善、祭祀、宗教及其他有关公益的不以营利为目的的社团或财团"，故而其划分方式为"营利"和"公益"，导致

———————

① 始见于1896年（民治29年）颁布的《民法》。

介于两者之间的既非营利与既非公益难以划分。为此，
1998 年及 2001 年分别通过《特定非营利活动促进法》以
及《中间法人法》，放宽了公益法人的设立基准，将部分
可通过主管机构认证的团体作为"公益法人"对待，此为
第二阶段，具体中间法人的成立要素主要有两点：第一，
以社员的共同利益为目的；第二，不以剩余金分配给社员
为目的。虽然在公益法人的认定上已经有所放松，但其设
立门槛依然较高，可得到认可的公益法人数量依然较少。
2006 年，日本政府又颁布《一般社团法人及一般财团法人
相关法律》《公益社会团体及公益财团法人的认定等相关
法律》，承认了不以公益为目的的一般财团法人，至此，日
本正式将财团法人的定义由纯公益性扩展到非营利性，此
为第三阶段。

二 主要案例

日本财团法人可分为一般财团法人和公益财团法人两
类，公益财团法人是基于一般法人基础之上，从事特定
"公益目的"事业的一般法人。为区分"公益"属性，公益
财团法人必须以从事公益目的事业为主要目的，用于公益目
的事业的费用比例要占到 50% 以上，考虑到两者在架构设
置、运营维护等方面均有相似性，此处进行一并论述。下

面，我们在简述财团法人组织架构的基础上剖析两个财团法人的具体案例。

（一）组织架构

捐赠意志（指导）+评议员会（决议）+理事会（执行）+监事（监督）

财团法人的设立可通过捐赠人生前处分设立及遗嘱设立两种方式进行，其运营主旨依捐赠遗产的目的而定。内部治理上，根据法律约定，必设机关包括评议员①、评议员会、理事、理事会以及监事。决议机关是评议员会议，业务执行机关为理事会，业务开展上要依照章程规定，明确要求章程中的剩余资产不得直接指定分配给设立人，但在依章程无法确定财产归属的情况下，其归属由评议员会决定，此时依其决议可将剩余财产归于设立人，若仍不可行，则上交国库（详见表2）。

表2　财团法人组织架构

主旨	以捐赠财产为基础，以特定目标为指向执行标的财产之目的
必设机关	评议员、评议员会、理事、理事会以及监事
权力机关	评议员会议

---

① 评议员须3人以上，并不得由一般财团法人或者其子法人的理事、监事及使用人兼任。

续表

业务执行机关	理事会
设立方式	生前处分设立、遗嘱设立
章程	无论何种方式设立,在申请设立时均须提交由全体设立人制作或遗嘱执行人制作的章程
初始资产	捐赠
评议员选任方法	根据理事会的决议由理事长委托
出资返还	不能返还
解散后的资产归属	剩余资产不得直接指定分配给设立人,但在依章程无法确定财产归属的情况下,归属由评议员会决定,此时依其决议可将剩余财产归于设立人,若仍不可行则上交国库

资料来源:作者整理。

（二）具体案例

由于财团法人的设立具有特定"目的",因而大部分财团法人均有行业及业务指向性。据统计,日本目前大概有 200 [①]多种不同的公益法人,且均有相应法律规定。如为医疗服务的财团医疗法人、为教育服务的日本国际教育协会等。为探究财团法人的具体运营模式,下面以日本食品化学研究振兴财团及横滨企业经营支援财团为例进行分析。

---

① 沈姣姣:《日本公益法人制度及其对我国的启示》,《时代法学》2018 年 2 月第 1 期。

1. 日本食品化学研究振兴财团①

日本食品化学研究振兴财团成立于 1994 年 3 月 1 日，同年被认定为特定公益增进法人，其主要目的为通过筹集有关食品化学的研究，确保食品的安全性，为增进国民健康做出贡献。

（1）组织架构

日本食品化学研究振兴财团主要分为管理人员、评议员、评选委员、事务局四类。管理人员分为理事长 1 人、常务理事 1 人、理事 10 人、监事 2 人；评议员共 8 人；评选委员 9 人；事务局 5 人。从人员构成上看，财团的管理层及评议员文化程度较高，大部分均为教授。理事会分为定时理事会以及临时理事会，定时理事会 1 年 2 次，主要审议年度事业报告、决算报告以及代表理事职务执行状况报告，定时评议员会 1 年 1 次，主要审议年度事业报告、决算报告以及监事选任等事项。

（2）业务开展

日本食品化学研究振兴财团业务主要分为三部分（详见图 1）：

①研究补助金。进行食品添加剂的安全性及有效性等与食品化学有关的调查研究，公开招募（1 年 1 次）研究课

① 资料主要来源于日本食品化学研究振兴财团官网及作者自行整理。

题，为该财团的审查提供研究经费。

②支援召开研讨会等。每年（1 年 2 次）募集举办有关食品添加剂和其他食品化学的研讨会等的补助，在该财团的审查委员会上进行支援审议。

③信息收集和提供。此部分主要分为两类，一类为政府收集食品添加剂及其他化学食品的相关信息，将其公开在网站上；另一类为每年汇总研究补助成果，制作研究成果报告书。从其研究补助金的执行来看，主要分为以下几个步骤，首先财团法人会进行募集公告，之后会发布研究课题，并进而申请受付，最后在补助金等对象的选择上，一般先由评选委员评选，进而由理事会采用书面形式表决。

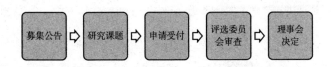

图 1　日本食品化学研究振兴财团研究补助金执行流程

资料来源：作者整理。

根据 2018 年度①事业报告书显示，日本食品化学研究振兴财团全年共捐助一般研究对象 17 个，合计金额 1255 万日元；课题研究 12 项，合计金额 945 万日元；补助金 225 万日元；完成信息收集与提供包括食品添加物、残留农药关系、容

---

①　2018 年 4 月 1 日至 2019 年 3 月 31 日。

器包装、食品安全委员会信息、食品化学信息等多项工作。总结其主要特点是信息披露充分以及资金投向与其目的相契合。

2. 横滨企业经营支援财团[①]

横滨企业经营支援财团成立于1996年，由鹤见会馆、横滨工业馆、横滨市金泽产业振兴中心及横滨市中小企业振兴事业团4家财团法人合并成立，是横滨市唯一由政府指定的"中小企业支援中心"，主要以促进横滨市经济为目的，致力于在稳固强化企业经营基础、解决经营困难、促进自主创业和开展海外业务等方面为市内中小企业提供有力支援。

（1）组织架构

横滨企业经营支援财团下设评议员会、理事会、监事三个主要职能部门，理事会作为日常工作的主要安排部门，有理事长、常务理事及事务局长三个重要职位（详见图2）。业务开展部门主要分为总务部、经营支援部、国际商务支援部、设施经营部四个职能部门。总务部下设总务科；经营支援部主要负责经营支援课及技术支援课；国际商务支援部负责国际商务支援课和上海代表处；设施经营部主要有横滨媒体商务中心、横滨市产学研共同研究中心、横滨新技术创造馆、龙头企业广场、横滨金泽高科技中心、横滨信息文化中心、横滨市金泽产业振兴中心。

---

① 资料主要来源于横滨企业经营支援财团官网及作者自行整理。

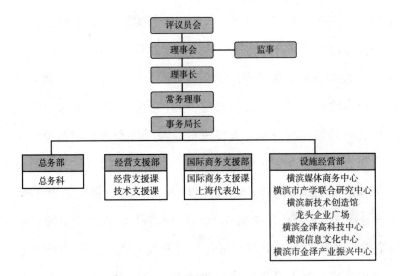

图2 横滨企业经营支援财团组织结构

资料来源：作者根据横滨企业经营支援财团官网资料整理。

（2）业务开展

横滨企业经营支援财团主要业务分为三大类：

①经营与业务咨询。主要提供窗口咨询和各类专家单独面谈咨询，具体包括自主创业、法律、劳务、互联网利用等经营管理方面的咨询，以及机械加工、材料、生产管理、环保、节能等技术方面的咨询，还有海外业务方面的咨询等。

②举办解决经营问题的研讨会。包括学习利用互联网改善经营方法、举办创业必备知识和思路的讲座，从基础学起的贸易实务课程、最新海外投资状况研讨会，环保·能源、

航空・宇宙、医疗・福利、基础技术等尖端研究成果的介绍、促成通过企业间合作实现产品化和事业化的专题研究会等。

③海外业务支援和洽谈会（IDEC）。向市内企业提供寻求合作伙伴和参展海外展会等方面的支持，以帮助市内企业拓展海外销路和对海外直接投资。与海外经济机构和金融机构等合作，举办向企业提供海外业务的对象国或地区最新经济和产业相关信息的研讨会，以及与海外企业的对接洽谈会。另外，IDEC 在中国（上海）设有代表处，在泰国（曼谷）、越南（胡志明市、河内）有签约咨询处，可方便企业收集当地信息及开展在当地的业务活动。此外，横滨企业经营支援财团还创建了女性自主创业支援（F-SUS）、横滨创业家大奖赛、横滨市地区贡献企业支援事业，扶持横滨产品制造的协调事业以及产业关联设施的配备等。

简言之，日本财团法人在运行上主要由理事会执行，其业务开展围绕捐赠财产目的进行资金运用，不会进行目的之外的使用。此外，日本财团法人的信息透明度较高，在内部人员监督上，一方面监事会行使内部监督，另一方面管理层信息均被公之于众，受大众监督；在对外的援助信息的披露上，财团法人会对每一笔资金的投向进行公示，以日本食品化学研究振兴财团为例，其每一笔资金交付对象的姓名、工作单位、职位、研究课题等均会列明，以接受公众监督，且受助方也需要向财团法人提交成果报告书。

三 功能定位

设置财团法人的主要目的是以法人主体去运营捐赠者的意志，一般而言是着眼于慈善事业。根据其设立特点，总结其相关作用如下。

第一，促进社会公益发展。财团法人制度在日本已经相对成熟，形成了一套完整的体系，在现代《一般社团法人及一般财团法人相关法律》等法律的指引下，明确了财团法人的鉴定方式与法律地位，最重要的是，将财团法人的批准从"审批制"转为"认定制"，即只要满足法律规定的要求就可以登记成为一般法人，公益法人则在一般法人的基础上获得公益认定，即可成为公益财团法人，改变了过去政府事前审核的认定模式，极大地放宽了财团法人的准入门槛。在旧民法制度下，日本民间组织很难申请注册为公益法人，而从新法实施日至 2014 年 11 月末，公益认定机关（受理部门）共收到 10147 件认定申请，进入实际审查的申请为 9345 件，最终获得公益认定的件数占受理总数的 99.84%（9330 件），不被认定的申请仅有 15 件①。从此

---

① 俞祖成：《日本公益法人认定制度及启示》，《清华大学学报》（哲学社会科学版）2017 年第 6 期（第 32 卷）。

时起，日本的公益财团法人大规模涌现，涉及行业达数百种之多，公益事业也迅速发展，由政府主导的局面变为民间力量兴起的局面，形成了"政府公法人＋民间公法人"的发展趋势。

第二，确保资产与意志稳定。与一般社团法人以社员为核心不同的是，财团法人设立时的财产是由捐赠所得，不用将财产返还给捐赠人。一般而言，捐助方成立财团法人时需要同时提供章程，财团法人的章程不能随意变更，其执行机关理事会只可按照章程规定的目的进行管理和使用财产，并确保受益人的权益，捐助人不享有分红等权利。因此从运行操作来看，其核心的围绕点为"捐助人意志"，故而其设定的意志可确保财团法人运作模式的长久及稳定。从资金的运用来看，可以将财团法人的资金进行投资，但必须为低风险类产品，且其获利资金依然需要按照章程约定进行管理运用，不可进行自主分配，因而从资金上来看，作为独立法人的资产也较为稳定。而从创设人的想法来看，财团的目的也需要具有一种持续性特征，财团的设立不能仅仅为了一个单一的任务、单一的公益活动，这都不可能成为成立财团的条件，也不可能成立相应的财团，财团的目的一定是意志永续的。

第三，拥有税收优惠。税收优惠是财团法人具备的一个重要特点。日本于 1998 年制定的《特定非营利活动促进法》，放宽了公益法人的设立基准，将志愿者、社会贡献活动的团体，通过主管机关的"认证"作为"公益法人"对待，并且公益法人可享受税收优惠，但在税法上的优惠尚不充分。之后颁布的《一般社团法人及一般财团法人相关法律》也在对主体认定的基础上给予了一定的税收优惠。

四 启示建议

我国早前便有"永锡桥"[①]的"公益法人"模式，永锡桥的建造从发起、筹建到维护均由民间自行完成，由于其产权不属于捐赠者、管理者以及政府，也不存在股东与分红的问题，最重要的是，根据政府档案记录，永锡桥涉及交易时采用了"永锡桥柱"的法人名字，因此其可视为公益法人的形式，管理机构上也与日本的财团法人类似，由三个大户倡导，并经同乡人员达成一致（此为捐赠人意志），之后推选出八位"首事"（管理层）以及成立桥会[②]。从运营上看，桥会的职责是商议修建桥梁的诸多事宜，资金的监管则由司会负责，严禁个人侵占，避开了被倡导者侵占利益的风险。总体而言，永锡桥的模式是早期公益财团法人的一种，从当

---

① 建于清光绪四年（1878年）。
② 类似于理事会。

前的法律上看，慈善基金会[①]是目前较为贴近公益财团的运营模式，但考虑到其在我国起步较晚且当前发展尚不成熟，从 2011 年的"郭美美"事件到 2012 年中华儿慈会"小数点"事件，再到 2015 年云南"慈善妈妈"骗取政府项目等恶性事件，均将慈善基金推向了风口浪尖。此处将国内慈善基金会与日本财团进行对比，发现当下我国的慈善基金会与公益财团相一致的是均在向法人化治理发展，内部管理上也明确了监事的职责，但在信息透明度、外部监督，以及慈善项目选取上仍有一定差距，对此业内人士应提出相关建议。

其一，法人化治理。如上所述，日本的财团法人是以独立法人进行运营，有助于公益组织在外部管理和内部治理上的规范化。而根据我国 2016 年颁布的《慈善法》规定，也可以将慈善基金会归类于法人，其设立过程也必须有法人章程、固定的场所和完整的组织机构，同时需要向民政部门申请登记注册。

其二，信息透明化差异度较高。日本财团法人在对外信息披露上有较严格的规定，一般而言，政府要求公益财团法人必须定时披露其资金运营情况，对于财团负责人的透明度要求也相对较高，日本财团会长笹川阳平曾说过

---

① 2016 年 3 月 16 日，第十二届全国人大第四次会议通过了《中华人民共和国慈善法》，规定慈善组织可以采取基金会的社会组织形式。

"自己的生活必须完全透明化"，甚至包括出行等信息。而我国根据《慈善法》规定，慈善组织还应当每年向其登记的民政部门报送年度工作报告和财务会计报告。报告应当包括年度开展募捐和接受捐赠情况、慈善财产的管理使用情况、慈善项目实施情况以及慈善组织工作人员的工资福利情况。慈善组织还应当每年向社会公开其年度工作报告和财务会计报告。具有公开募捐资格的慈善组织的财务会计报告须达到审计等的披露要求。但考虑到一方面在执行中其主要披露对象为民政部门，而非社会公众，但很多慈善基金会的主要捐赠者为社会群众，这就导致了对于真正需要执行捐赠意志的人来说难以对基金会的运作进行实质监督，另一方面慈善基金会的执行力度也相对打折扣，以2018年所须披露的年报来看，根据2018年4月"慈善中国"平台数据显示，慈善组织信息有3991条，但彼时公布的2017年慈善组织年报数据仅为1404条，仅占35%[①]，可见，虽然有外规，但我国的慈善组织信息公开力度仍然较低。

基于上述分析，建议继续对慈善基金会信息披露义务进行明确。我国在实践中出现了很多具有财团法人特征的法人团体，但是在立法层面却没有相应的法律规范来规制，因此需要在实践中不断通过修正以弥补现行制度的不足，为此可探讨研究对

---

① 付铭皓：《中国慈善组织的政府监管研究》，2018。

于不同慈善基金会的信息披露要求，一般而言，对于公募慈善基金需要披露的信息相较于私募更为全面，同时建议对慈善基金管理人员的信息保持一定的公开。

其三，内部管理。日本财团法人的架构必须包括理事会、评议员会及监事，监事的职责主要是监督理事会的业务开展情况，监事会有利于对权力机关形成制约，防止"内部人控制"的局面发生。而我国《慈善法》中对慈善组织的设立中没有对监事一职提出必要要求，但在章程中要求明确监事的职责、资格、产生程序和任期。基于此，为防止违背捐赠人意愿或者管理人员不尽职的事情发生，我国慈善基金会监事会的设立也必不可少，需从内部对决议机关及执行部门进行监督。

其四，外部监督。日本的慈善文化形成已久，群众也会主动对公益财团的运行进行监督。因而建议政府要退出主导的控制地位，转而努力建构慈善组织的社会多元监督，减少政府的监管压力，充实慈善组织的监督体系，向全社会宣传慈善文化，培养慈善专业人才，鼓励大家参与慈善、监督慈善，多角度、多层次对慈善基金会进行监督，形成舆论压力，倒逼慈善基金会进行改革。此外，也可引入第三方机构进行监督，在对公益法人认定和监管作出具体规定之后，日本相关法律还具体规定了第三方机构的职责。第三方机构一般为公益认定委员会，因为其具有中立性和专业性，所以在具体公益法人的认定上，相关机构需要向其咨询，并且在公益法人运转中遇到的问题，也需要第三方机构提出相应的建议。

其五，慈善项目考察。为了公平、公正、透明地分配募捐资金，日本的财团法人会通过一定的筛选标准对项目进行设计，以大阪社区基金会的资助对象选考标准为例（详见表3）：第一，制定和发布申请指南。作为资助项目最为关键的前期准备工作，大阪社区基金会将在每年10月之前通过其官网等途径发布资助申请指南，内容包括项目流程、申请资格、资助额度、资助金的使用范围、选考基准以及其他注意事项。第二，审查和选考。其大致流程包括：事务局的资料审查、选考委员的专业审查、选考委员会的共同审议以及理事会的最后决议。第三，项目反馈和评估。

表3　大阪社区基金会的资助对象选考标准

选考标准	审查要点
必要性与公益性	是否具有较高的社会需求和紧急性 是否清晰表达了项目的社会目的
独创性与前沿性	是否具有崭新的行动框架 是否具有崭新的视点、想法以及手法
实现可能性	项目的内容和方法是否妥当 项目的实施日程和实施体制是否妥当
费用和预算的妥当性	是否根据项目内容制定经费预算 单价是否妥当 资助性价比是否较高 项目收入的预算是否妥当 是否向项目受益者收取适当费用

选考标准	审查要点
社会效应与发展前景	项目是否具有较高的社会效应以及是否具备可持续性 资助结束后,受资助团体是否能够获得进一步发展

参考俞祖成《日本社区基金会的理念移植》。
资料来源:作者整理。

而从我国慈善基金会的执行情况来看,很难有较为明细的慈善标的判断标准,甚至不乏最后投资项目与其设立宗旨不相匹配的情况出现,明显违背了捐赠人的初始意愿(详见表4)。因此,对于我国慈善基金会来说,一定要树立围绕慈善目的而进行慈善事业的思想,切实做到对捐赠人负责,有合理的项目评判标准与跟进措施,做到慈善资金对项目的精准化投放。

表4 我国慈善基金会与日本财团法人五大类对比

	慈善基金会	一般财团法人
治理方式	法人化	法人化
信息透明度	较低,有未按要求公布年度工作报告和财务报告现象	较高,定时披露,管理层也有一定的信息披露度
内部管理	章程中要求明确监事的信息	必须设立理事会、评议员会及监事
外部监督	较弱	较强
标的项目考察	有未按资金捐赠者意愿捐助现象	严格考察资助对象,按照紧急性、重要性、性价比等进行排序

资料来源:作者整理。

总而言之，我国 2016 年颁布的《慈善法》在很大程度上已经对慈善基金做了严格的规定，修补了过去诸多尚不完善的地方，因此在诸多层面的设计上已经与日本的财团法人类似，但具体实施层面仍然有一定问题。因此，除了在立法层面的继续推进之外，还需要慈善基金自身执行以及信息披露意识的提高，更需要更多社会团体参与到慈善基金的建设与监督过程之中，防止其成为牟利的工具。

分报告四
家族信托发展报告

　　日本自古有类似于信托的理念，现代信托制度始于明治维新后期。家族信托业务发展源于应对日本老龄少子化问题的综合筹划安排，如税务筹划安排等。本报告陈述日本家族信托的源起概说、功能定位、主要特点等相关内容，最后结合国内家族信托发展的现状及特点，给出日本家族信托发展对我国的启示和建议①。

一　源起概说

　　在本节中，我们在概述信托业务起源的基础上从应对老龄少子化的筹划安排视角给出家族信托的发展背景。

（一）信托业务

　　日本自古就有类似信托的理念，但现代信托制度从英美

---

　　①　宣晓影：《灵活的日本家族信托》，《投资与合作》2017 年第 4 期。

引进，始于明治维新后期。日本法律条文中首次出现"信托"一词是在明治 33 年（1900 年）制定的《日本兴业银行法》中，描述了从事与地方债券、公司债券及股票相关的信托业务；而最早从事个人财产管理的信托公司是明治 39 年（1906 年）成立的东京信托株式会社。

在对英美信托制度消化吸收的基础上，日本对信托制度进行了一定程度的创新和发展，同时特别强调法律对于信托行业的规范和约束作用，如《信托法》《信托业法》《关于普通银行兼营信托业务的法律》及《施行规则》《贷款信托法》《证券投资信托法》等，法律的完善极大地推动了日本信托业务的发展，也在一定程度上促进了信托行业的规范。大正 10 年（1921 年）有 488 家信托公司，到大正 13 年末（1924 年），依据《信托业法》重新获得许可的信托公司仅有 27 家，再到昭和 18 年（1943 年）《兼营法》出台后，信托公司和银行间加速合并，专业的信托公司仅存 7 家，信托公司从而演变成兼营信托业务的信托银行。昭和 27 年（1952 年），日本制定了《贷款信托法》，信托银行开始从事贷款信托业务。昭和 28 年（1953 年），日本进一步确定了分业经营的模式，提出了长期金融和短期金融分离的方针，要求信托银行以信托业务为主，发挥长期金融职能，而原来兼营信托业务的银行则不再经营信托业务。

随着经济发展，日本对外经济失衡扩大，日本的信托监管有所放松，昭和 60 年（1985 年）外资开始设立信托银

行，平成 4 年（1992 年）《金融制度改革法》出台后，允许
银行等通过设立证券分公司及信托分公司的形式，证券公司
通过设立银行分行或信托分公司的形式进行混业经营。平成
5 年（1993 年）日本引进了信托代理店制度，由各地方金
融机构运营。

随着信托业的不断发展，形成财产信托、年金信托、员
工持股信托、特定赠与信托等各类创新型信托业务，并不断
推陈出新，使日本信托业务具有了范围广泛、种类多样、方
式灵活、经营活跃的突出特点。家族信托也应运而生，日本
的信托制度被广泛应用于家族财富的延续和传承。

（二）家族信托

日本早已步入少子老龄化社会，且财富多集中在高龄者
手中。然而，据日本厚生劳动省公布的数据显示，日本全国
65 岁以上的高龄者中有 462 万人被认定为阿尔兹海默症患
者，另有 400 万人被认定为准患者。同时，由于不断修改的
税法和多变的经济环境，日本高龄者靠自身进行财产管理和
考虑遗产继承问题变得越来越困难。以日本央行 2014 年 1
季度的统计数据为例，日本居民家庭金融资产中投资信托的
占比不高，仅为 5.2%，而同期美国和欧元区的相应资产占
比则为 13.1% 和 7.2%。因日本老龄化问题突显，居民家庭
金融资产中保险或年金准备金占比较高，与美国及欧元区相

差无几（详见图1）。在此背景下，近年日本大力发展家族信托，以满足日本居民的养老保障、财富管理及传承等需求。

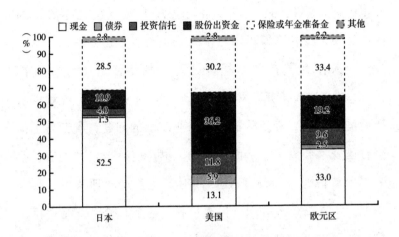

图1 日本、美国和欧元区家庭金融资产结构对比（2018年8月）

数据来源：日本银行。

二 功能分类

在本节中，我们从家族信托的功能定位和主要分类两个维度阐释家族信托的基本情况。

（一）功能定位

日本信托按照受托者是否以获取信托报酬为目的可分为两类：一类是"商事信托"，即受托者为了获取信托报酬而从事的信托业务，根据日本《信托业法》，由信托银行及信托公司开展；另一类是"民事信托"，即受托者不为收取信托报酬而从事的信托业务，由于不受日本《信托业法》的限制，所以受托者既可以是个人，也可以是法人等。

个人作为委托者委托自己财产的机制称为"个人信托"，与"法人信托"相区别。个人信托中，为了应对自己死后的遗产税、资产继承以及企业继承的问题，或者为了保障自己及家族成员生活而进行的以财产管理为目的的信托称为"家族信托"。家族信托因同时具备资产管理及事务管理功能，不能简单地等同于民事信托，家族信托可能是民事家族信托，也可能是营业家族信托。日本家族信托主要满足以下五个目的。

第一，事务管理。家族信托可以选定合适的受托人来执行需要管理的各项事务。日本的不动产事务管理需求尤为显著。例如，由于不动产所有者为高龄，且有患阿尔兹海默症的风险，但预计会在不久的将来变卖不动产，在不确定最终余款结算时（所有权转移）是否还拥有正常判断能力的情况下，以在不使用成人监护制度下顺利进行不动产变卖为目的的信托。如最终余款结算时不得不匆忙使用成人监护制度的话，从监护人就任到完成不动产变卖需要持续几个月，因此，可将不动产装入信托，并由受托人根据委托人事先设定的条件变卖不动产。

第二，**成员保障**。日本高龄人口快速增长，保障高龄者及残障人生活的财产管理产品及服务受到广泛关注。根据日本 2007 年 9 月 30 日开始实施的《信托法》修正案，作为一种应对老龄化社会需求的新型社会基础设施，以及一种完善监护人制度或对完善监护人制度无法应对的部分而进行的财产管理机制，家族成员保障信托应运而生。

第三，**保值增值**。委托人通过把财产管理权信托给值得信赖的个人或者机构去打理，以实现其财富保值增值的功能。尤其是担心自身财产管理能力不足，或者担心随着年龄增加、负担过重、患阿尔兹海默症等导致自身能力下降的人士，可通过设立家族信托实现资产的长期有效管理及运用等目的。

第四，**财富传承**。家族信托可以通过指定两代以上的代际资产继承人作为受益人，严格规定资产继承路径，来实现委托意愿。特别是对那些没有妻儿的单身人士、没有子女的夫妇、由于残障原因不具备遗嘱能力的有子女家庭来说，可以避免资产以自己不期望的形式被继承（比如资产流失到有姻亲关系的兄弟姐妹那里或者充公等）。除了现金资产外，股权及不动产也可以通过家族信托方式得到有序传承，可以避免委托人死后发生自己不期望的股权继承情况以及房产继承纠纷问题，从而避免引起不必要的动荡。

第五，**税收筹划**。日本针对财产的赠与及遗产的继承开征赠与税及遗产税，且税率较高。税务筹划主要是利用日本现有的税制空间及资产折价等技术手段来实现合法节税。如满足相应条件，用于受益人的教育资金支出，可在一定额度内免征赠与税。最新关于教育资金赠与信托以及结婚、育儿支援信托相关的税制改革详见附录。

（二）主要分类

根据日本家族信托的功能和目的，目前市场中的家族信托类型主要有以下五类。

其一，监护人制度支援信托。监护人制度支援信托是事务管理类信托的一种，反向推动日本监护人制度。这一结构中，被监护人将金钱信托给信托银行等，从信托的资金中定期向监护人管理的存款账户转账，用于支付被监护人生活费用等，另外，也要交付用于医疗目的等临时支出的一次性费用。监护人制度支援信托中，信托合同的出具、一次性费用的交付、信托变更、解约程序是基于日本家庭法院的指示书进行的，因为有家庭法院的参与，所以可以安全地保全被监护人的存款。根据一般社团法人信托协会发布的《日本的信托2014》，截至2014年3月末，日本监护人制度支援信托的受托件数为1048件，受托余额为350亿日元。

其二，福祉型信托。福祉型信托是典型的家族成员保障信托，是以高龄老人（包括患有阿尔兹海默症的高龄老人)、残障人、被监护人等作为受益人,为其定期支付一定的生活费、住院费、设施使用费等为目的进行财产支付的委托人制定的信托。福祉型信托与成年人监护制度并用,可以在成年人监护制度不适用的情况下使用。

其三,遗嘱代用信托。遗嘱代用信托是指约定委托人死亡时被指定为受益人的人取得受益权的信托,或约定委托人死亡以后受益人取得信托财产给付的信托中委托人有变更受益人的权利(缺省原则,日本《信托法》第90条),遗嘱代用信托能实现受托财产的有效传承。遗嘱代用信托的规定虽然与遗嘱、死因赠与的规定平行,但因为是缺省原则,所以只要在信托行为中约定不得变更受益人,除非委托人、受益人及受托人全体同意变更信托受益人。另外,委托人生前向信托银行等转移财产,向受托人转移了管理处分权,所以在实现财产保全(物理性保全)的同时,委托人可以亲自确认与自己去世后同样的管理处分状况。遗嘱代用信托的规定利于民事信托,目前信托银行、信托公司正在开展相关业务,且近年来有了快速发展(详见表1)。

表1　遗嘱代用信托的增量情况

年份	2010	2011	2012	2013
增加件数	44	64	18742	46431

资料来源:一般社团法人信托协会《日本的信托2014》。

其四，后继遗赠型受益人连续信托。遗嘱代用信托是实现委托人去世后，替代遗嘱实现财富传承的功能，而后继遗赠型受益人连续信托（日本《信托法》第 91 条）是指约定因受益人死亡，该受益人的受益权消灭后，他人作为新受益人重新取得受益权的信托（包含受益人死亡后其他人顺位取得受益权的约定），能够实现财富的连续有序传承。该信托设定满 30 年时，现存的受益人以约定条件取得受益权，在该受益人死亡或者该受益权消灭前其效力有效。从后继遗赠型受益人连续信托的导入效果及利用情况来看，虽然"满 30 年时"的解释还无定论，但其有效性得到了确认，期待今后业务有所发展。

其五，教育资金赠与信托。教育资金赠与信托具有税务筹划功能，是指祖父母将资金信托给信托银行作为孙辈的教育资金的信托。该信托是伴随着 2013 年日本税制改革《教育资金一次性赠与相关赠与税非课税措施》而创设的新型信托产品（该特别措施仅适用于 2015 年 12 月 31 日前设定的信托）。具体来说，教育资金赠与信托以 1500 万日元（用于学校等以外的资金时为 500 万日元）为上限，免征赠与税；同时赠与人被限定为受赠人的祖父母等直系亲属；受赠人被限定为信托设定日不满 30 岁的自然人。根据一般社团法人信托协会发布的《日本的信托 2014》，截至 2014 年 3 月末，日本教育资金赠与信的签约件数为 67073 件、信托财产设定金额合计 4476 亿日元。

三　主要特点

家族信托可以说是一种最大限度地尊重委托人（财产所有者）意愿，并能灵活进行财产管理的机制。日本家族信托的特点及优势主要体现在以下六个方面。

1. 灵活多样性

设立家族信托时，虽然受托人根据信托目的和管理方法等为受益人进行财产的管理、运用和处置，但目的和管理方法终究还是根据委托人的需求，基于委托人的自由意愿设定的，拥有《代理（委托）合同》和约束较多的《成人监护制度》等财产管理手段所不具备的"灵活性"和"多样性"。日本原有的成人监护制度无法应对遗产税，也难以进行积极的资产管理（例如，生前赠与、更换不动产、建造公寓和别墅等、购买股票和投资信托及外汇等高风险、高收益金融产品、签订寿险合同等）。而通过信托机制，充分利用其所具有的"意愿冻结机能"，则能使委托人实现生前决定资产运用及处理方针，并在信托合同中把资产委托给信任的亲族等，从而突破原有制度的限制。"意愿冻结机能"指设定信托之后，即使委托人（资产所有人）出现丧失意愿表达能力或判断能力等情况，受托人也会维持并尊重信托设定时委托人的意愿，且受托人根据信托的目的可继续进行信托财产的管理和处分。家族信托在本人去世前的紧要关头也可以采取遗产税对策和资产继承对策，而这是使用成人监护制度所无法实现的。

另外，在通常的遗产继承中，继承人原则上是一次性受领全部遗产。但父母通常会担心子女乱花钱或者未成年子女一次性受领高额遗产肆意挥霍。为解决这一问题，可通过信托机制指定灵活多样的领取方法。例如，从遗产中定额发放每月生活费的"定额支付"，待子女成人后再一次性支付的"附始期支付"，或当子女满足一定条件时再按"附条件支付"等。

2. 继承灵活性

家族信托可以很好地应对一般财产继承和不动产共同继承等问题。可以说以资产继承为目的的家族信托拥有的最重要的信托功能是"资产转移功能"。根据信托设定，虽然委托人的财产由受托人管理和持有，但受益人拥有信托财产的受益权（本金受益权＋收益受益权）。因此，受益人的权利不是原有财产的绝对"所有权"，而是转换成了相对"受益权"。正是信托的这个职能使得民法上无效的"继承遗赠"成为可能，从而构筑应对各种需求的灵活机制。

一般的遗嘱只能将自己的资产指定一代人继承（一次

性财产转移），而不能限制继承人下一步让谁继承遗产（隔代继承问题）。而通过信托机制便可不拘泥于民法的法定继承规定，按照自己的意思来指定资产继承路径。对于企业股权的继承，亦有异曲同工之妙，可在所有权不分割的情况下，让受益人享有相应利益。

在不动产占比较大的遗产继承案例中，有时由共同继承人中的一人继承该不动产，其他继承人继承作为代偿财产的存款时进行遗产分配比较困难。但共同继承不动产会有巨大风险：如果没有共有者全员的同意和合作，不动产不可进行变现处置；如果共有者之间发生争执，不动产就无法得到有效使用。因此，使用家族信托制度，将不动产作为信托财产（不以所有权的形式共同继承），且受益权共有的话，则既可维持共有者的权利和财产价值，又可通过将管理处分权限集中到受托人身上的方式防止不动产被搁置。

3. 信托行为多样性

在遗嘱和合同中设定信托内容的法律行为被称为"信托行为"。"信托行为"有 3 种模式：遗嘱信托（《信托法》第 3 条第 2 项）[①]；委托人和受托人之间的信托合同构成的

---

① 通常信托银行等将其经营的"遗嘱制作指导服务 + 遗嘱保管服务 + 遗嘱执行服务"总称为"遗嘱信托"，因此非常容易混淆。

信托（《信托法》第 3 条第 1 项）；信托宣言①。由此可见，"信托合同"可集委任合同、监护制度及遗言功能的优点于一身，实现以下四项功能：

（1）生前代替本人赋予管理、处置财产的权限——代替委任合同；

（2）当本人判断能力下降时，赋予管理、处分财产的权限——代替成年监护制度；

（3）自由指定本人死亡后的资产继承者——代替遗言；

（4）指定一般遗言中被视为无效的 2 次继承之后的财产继承人——实现遗赠。

4.财产管理连续性

通常，继承行为发生时，遗嘱执行业务期间遗产会被冻结（例如，存款需要数日办理解约、交付存款手续）。然而，通过信托则可设计一种机制，使委托人（受益者）的死亡不造成信托的完结，使得继承行为发生后受托人可照常进行财产管理，即排除开始履行继承到遗嘱执行完结的资产冻结期，实现委托人（受益人）信托利益的最大化。

---

① 委托人自身成为受托人，为了受益人，根据自己的意思表示（宣言）通过一定的手续（公正证书等）对自己的财产权进行管理、处置、支付等的信托。也被称为"信托宣言"。

5.风险隔离性

由于信托财产与委托人原有的财产相分离，所以除了欺诈行为以外，信托可以回避来自委托人的债权人的查封，也可以将其排除在个人破产等的清算对象财产之外。当然，信托财产与受托人的固有财产也实行分离管理。

6.监督管理性

使被监护人成为受益人，向亲族监护人每月支付一定生活费，可防止亲族监护人不透明的财产管理和财产消费。最近亲族监护人浪费、侵占监护人资产的事件在日本频发，而信托则可以防止类似事件的发生。

四　启示建议

近年来，我国对家族财富管理与传承的需求日渐增大，家族信托正面临着千载难逢的发展机遇。然而，法律制度障碍、政策科学引导欠缺、专业化服务尚待提升等不足严重制约了我国家族信托的进一步发展。为此，结合上述日本家族信托发展的经验，为切实有效地推进我国家族信托的发展，本报告提出如下建议。

第一，加强政府引导。从日本的经验可以看出，政府对于信托制度的形成、信托产品的供给和发展路径设计决定了信托业的发展速度和成熟度。目前，我国大多数信托公司开展信托业务时，通过信托架构的设计，以委托人或受益人取得高收益率回报为对价，向融资方提供资金支持。这一做法使信托背离了其原有本质，甚至将信托扭曲为高收益率、高风险的"合法"民间借贷。这种现象除了市场需求所致之外，也缘于政府未能及时对信托行业以及投资人进行正确引导，提供科学的产业政策。家族信托业务在中国的出现为政府及时调整信托产业政策提供了良好契机，随着银保监会"37号文"的出台，鼓励信托公司回归"受人之托、代人理财"的本源业务，并以此为基点提高信托公司的核心竞争力。

第二，完善法律法规。日本具有完善的法律体系，并通过多次修改相关法律支持信托业的发展。首先，日本《信托法》规定，信托财产未经办理信托登记，不得以该财产属于信托财产为由对抗第三人，但信托财产不办理登记并不影响信托的效力。一方面，我国应加快完善信托登记制度；另一方面，我国在日后修改信托法可借鉴该法案，采取登记对抗主义，在信托交易效率与交易安全之间达到更好的平衡。其次，我国《信托法》的修订应侧重于民事信托方面，并与《继承法》《物权法》等民事法中的有关规定相衔接，明确信托财产所有权归属。再次，可借鉴日本信托法律体系，制定《信托业法》，促进整个信托行业的完善和规范。最后，应设立相匹配的税收信托制度，并在财产登记流转环节增设信托事由，对信托财产流转税费进行减免，以实现将股权、不动产等多种受托财产装入家族信托的便利性。

第三，提升服务能力。日本的信托制度发展时间长，信托公司在"代人理财"方面有长期良好的信用和管理经验；而我国信托公司成立时间短；传统信托业务是以信托贷款等融资类业务为主，在以事务管理为主的家族信托业务上明显缺乏经验。另外，中国股市历年来的表现与宏观经济相当背离，国内投资人员也相对缺乏全球投资经验，因此还需要进一步提升专业能力，才能更好地为高净值客户提供财产保值增值的服务。信托公司应该转型立足于信托本源业务，以产业领域为重点，以资源组合为手段，以市场优化为原则，以金融创新为动力，形成信托公司新的盈利模式。在家族信托市场，每单家族信托的设计都需根据客户的自身情况和不同需求量身定制，应充分发挥信托制度的灵活性，根据委托人的意愿和目的，结合信托财产的自身特点，合理进行产品创新。

第四，设定受托人劳酬。在日本，如果信托受托人设定为亲族，由于一次性设定不具有反复性，所以收取报酬也不违反《信托业法》。然而，当受托人是亲族以外的第三方时，收取信托报酬就有可能违反《信托业法》。这种情况就需要考虑如何设定受托人的劳动报偿。我国事务管理型信托尚无明确收费标准，现行的做法主要还是按照管理费的方式每年收取。家族信托的存续期长，与传统的融资类业务相比，短期内的收益无法满足信托公司的逐利需求，导致国内信托公司开发家庭财产类信托缺乏动力，需要在受托人劳酬方面探讨有效措施。另外，可设定最低服务费率，各家信托公司根据提供服务的差异性和复杂性适当上浮，避免同质化服务情况下发生靠拉低市场费率的恶性竞争，出现"劣币驱逐良币"的情形，也为整个家族信托市场的长远发展提供支持。

第五，完善监察人制度。由于家族信托业务高度依赖委托人对受托人的信任，为了提高委托人对托付财富的安全感和对信托目的实现预期，强化对受托人的监督和约束，许多国家创设了信托监察人制度，或建立一种机制将受托人的业务置于他人的监督之下。例如，将受托人由一人变为多人，受托人之间互相商量，相互监督，共同对财产进行管理和处置（受托人过多，有可能引起财产管理的纠纷，且家族隐私不宜告知过多受托人，因此通常以单一受托人为主；若需要互相监督，两人为宜）。也可通过制度设计，设置"同意权人""记名权人""信托事务代理人""受益人代理人"等，使受托人不能单独完成信托业务。2006 年日本修订《信托法》时，对信托监察人进行了专门的约定，完善了信托监察人制度。我国《信托法》中"公益信托"一章中有提到信托监察人，但未明确监察人的权利和义务，信托立法对家族信托监察人角色的规范亦属空白，极大地制约了家族信托的发展。因此，有必要研究成熟国家的信托监察人制度，并结合我国国情加以利用。

第六，结合监护人制度。一般来说，有很多家族信托将高龄的配偶、有残疾的孩子设定为受益人。这种情况下，虽然家族信托机制可以代替成年监护制度管理财产，但是由于受托人没有监护权，如果受益人住院、转院，或者入住福利机构的话，受托人即使可以支付相关费用，也无法持有法律授权签署住院或者入住福利机构的合同。因此，有必要选任一位有监护权的成年监护人。信托的受托人和成年监护人之间如果没有大的利害关系冲突，受托人也可以兼任成年监护人。因此，家族信托合同将不单单是信托合同，可以包括监护合同的相关事项。另外，家族信托业务的发展可反向推动国内监护人制度的完善。

第七，结合东西文化。日本家族企业利用单独继承制使得家族财富不至分割流失，利用养子制度给企业的传承过渡提供更多的保障。养子既能利用自身的地位形成内部竞争，使家族成员更加努力，又能利用其能力使企业平稳交接。目前，中国的家族企业都在努力学习欧美的经验，引入职业经理人、家族信托、家族办公室、家族成员股权协议约定等，然而，日本不拘泥于亲生子、超血缘的"养子"继承模式实际上很好地融合了东西方文化，既确保了可以传给相对优秀的人才（职业经理人），又兼顾了东方文化重视家族薪火相传的传统。中国也应结合自身国情，充分利用中西文化的优势，使家族企业持续经营，家族财富永续传承。

附录一　日本自民党、公明党《平成31年度（2019年）税制改革大纲》节选

第二　平成 31 年度税制改革的具体内容

二　资产课税（译者注：财产税）

2. 教育赠与资金免税措施的更改

从直系长辈亲属处获取教育赠与资金时免除赠与税的措施，将采取以下更改，并将适用年限延长 2 年。

（1）签订信托日期所属年份的前一年，获赠人的累计所得金额超过 1000 万日元部分的信托受益权，不适用于本制度。

（注）上述更改适用于平成 31 年 4 月 1 日以后，从信托等处取得信托受益权等情况的赠与税部分。

（2）获赠人年满 23 岁的翌日起，教育相关的劳务报酬、体育和文化艺术活动相关的指导报酬，以及这些劳务或者指导所需物品的购买费用和机构利用费用等，对学校以外支付的金额不属于教育资金的范畴。

（注）上述更改适用于令和元年① 7 月 1 日以后支付的

---

① 2019 年 4 月 1 日，"令和"被选为日本新年号，因此 2019 年也是令和元年。

教育资金。

（3）签订信托之日开始至教育资金管理契约结束之间，若赠与人死亡（死亡日期不属于以下几种情况的场合），获赠人拥有该赠与人死亡前 3 年以内签署信托的信托受益权，且适用于本措施，则视死亡日期正在管理的余额为该赠与人已继承或遗赠给获赠人的金额。

①该获赠人未满 23 岁的情况；

②该获赠人在学校等处上学的情况；

③该获赠人在领取教育训练给付金（译者注：日本的就业培训补贴金）的机构接受教育训练（译者注：日本的就业培训）的情况。

（注 1）上述"管理的余额"即非纳税缴纳金去除教育资金支出的余额中，从赠与人死亡前 3 年以内的信托中取得的信托受益权等所对应的金额。

（注 2）上述更改适用于平成 31 年 4 月 1 日以后赠与人死亡的场合。但是，上述（注 1）的信托受益权不包括在死亡日以前从信托等处取得的信托受益权的金额。

（1）有关教育资金管理契约的终止原因，若获赠人年满 30 周岁，但该节点满足上述（3）的②或者③的其中一项，则不终止教育资金管理契约；若年满 30 岁的翌日以后，不满足上述（3）的②或者③的其中一项，则在该年的 12 月 31 日或者该获赠人年满 40 周岁（以两个日期中较早的日期为准）时终止教育资金管理契约。

（注）上述的更改适用于令和元年 7 月 1 日以后获赠人年满 30 岁的情况。

（2）采取其他必要措施。

3. 结婚、育儿赠与资金免税措施的更改

从直系长辈亲属处获取结婚、育儿赠与资金时免除赠与税的措施，将采取以下更改，并将适用年限延长 2 年。

（1）签订信托日期所属年份的前一年，获赠人的累计所得金额超过 1000 万日元部分的信托受益权，不适用于本制度。

（2）采取其他必要措施。

（注）上述更改适用于平成 31 年 4 月 1 日以后，从信托等处取得信托受益权等情况的赠与税部分。

附录二 与家族信托相关的部分数据

表1 公益慈善信托数量与余额

单位：件，百万日元

年份	数量	余额
2001	571	73355
2002	572	71965
2003	565	70917
2004	562	69325
2005	563	69081
2006	555	68294
2007	553	69198
2008	546	66799
2009	540	65309
2010	525	62277
2011	514	60212
2012	505	59641
2013	499	65876
2014	484	64427
2015	478	62374
2016	470	60492
2017	458	59401
2018.09	452	59463

数据来源：作者据公开资料整理。

表2　公益慈善信托资金运用情况（至 2018 年 9 月末）

单位：件，百万日元

资金运用方向	数量	余额
奖学金	146	21302
自然科学研究促进	69	7649
教育振兴	60	2153
国际交流促进	33	3119
社会福利	34	3311
艺术与文化振兴	22	4864
都市环境保护	28	6915
自然环境保护	19	4097
人文科学研究促进	13	927
传统文化保护	3	131
动植物保护	1	292
绿化推进	1	22
其他	23	4673
合计	452	59463

数据来源：作者据公开资料整理。

表3　特定赠与信托情况

单位：件，人，亿日元

年份	数量	受益人数	余额
2001	1467	1373	346
2002	1410	1325	328
2003	1366	1278	313
2004	1340	1247	304
2005	1302	1213	291
2006	1238	1151	281

续表

年份	数量	受益人数	余额
2007	1182	1097	268
2008	1146	1059	257
2009	1088	1005	244
2010	1042	963	236
2011	1017	937	232
2012	988	903	230
2013	1105	1019	261
2014	1260	1176	297
2015	1479	1389	348
2016	1633	1535	384
2017	1822	1718	423
2018.09	1910	1794	439

数据来源：作者据公开资料整理。

表4 土地信托受托情况

单位：件

年份	数量	年份	数量
2001	1262	2010	461
2002	1156	2011	420
2003	1029	2012	368
2004	925	2013	348
2005	811	2014	321
2006	699	2015	307
2007	619	2016	298
2008	556	2017	295
2009	494	2018.09	295

数据来源：作者据公开资料整理。

表5　遗嘱相关业务情况

单位：件

年份	遗嘱情况			遗产整理
	保管数	执行数	汇总	
1997	6224	15551	21775	815
1998	6189	17681	23870	905
1999	6721	20268	26989	1093
2000	7796	23455	31251	1285
2001	10557	26628	37185	1295
2002	9832	30231	40063	1528
2003	9407	34246	43653	2119
2004	8956	39209	48165	2538
2005	8436	44272	52708	2862
2006	8018	49328	57346	2943
2007	7574	54070	61644	2735
2008	7175	58437	65612	2695
2009	6142	62769	68911	2699
2010	5948	66385	72333	2951
2011	5820	70155	75975	3147
2012	5838	75619	81457	2984
2013	5824	82624	88448	3475
2014	5877	91832	97709	4045
2015	5916	102707	108623	4784
2016	6101	112214	118315	5186
2017	6398	121968	128366	5927
2018.09	6521	126220	132741	3016

数据来源：作者据公开资料整理。

附录三　日本公益信托的发展及启示[①]

在日本，公益信托是指个人或者法人以公益活动为目的在信托银行信托财产，信托银行根据公益信托合同规定的公益目的管理其财产，并进行公益活动的制度。自 1977 年诞生以来，日本的公益信托在提供奖学金、赞助自然科学·人文科学研究、赞助自然环境保护活动，以及促进国际合作、国际交流等广泛领域发挥着重要作用。

一　日本公益信托的发展历程

20 世纪初日本就出现了信托公司与信托业务。1922 年日本制定施行了《信托法》与《信托业法》，直到 2006 年首次对《信托法》进行了全面修改。日本的信托分为三大类：资金信托，非资金信托，资金与非资金相兼的信托。其中第三类信托主要包括公益信托、特定赠与信托和遗赠信托三种。日本的《信托法》将慈善信托归入了公益信托的范围，即公益信托并非只是以慈善为目的所开展的信托活动，但凡以祭祀、宗教、慈善事业、学术、技艺或其他公益事业为目的的信托均在公益信托之列。

---

① 宣晓影：《日本公益信托的发展与启示》，《投资与合作》2018 年第 4 期。

实际上，由于日本早已确立了公益法人制度，因此，公益信托制度长期有名无实，直到 1977 年才出现首次案例。此后，随着国民对各种志愿活动和地方社会福利活动的关心增强，日本地方公共团体设立的基金或以地方公共团体为委托人的基金逐渐增加，公益信托作为民间公益活动的一部分有了更大的发展。特别是 1993 年以后，日本商业银行的信托子公司及地方金融机构也开始承办公益信托业务，公益信托制度得以蓬勃发展。1998 年实施了《特定非营利活动促进法》以后的 10 年间，与制度设立初期相比，日本以社会福利、城市环保等为目的的公益信托逐步增加。个人及企业对于公益活动的意识发生了转变，企业的宏观经营战略中对公益性的考虑和追求也变得越来越重要。

二　日本公益信托的架构及特征

（一）公益信托的运作架构

日本的公益信托关系人包括委托人、受托人、受益人、信托管理人和营运委员会（详见图 1）。信托管理人为保护受益人的利益、监督受托人对信托事务的执行，并享有营运决策同意权，类似我国的公益信托监察人；营运委员会是经委托人与受托人商议后选聘，负责营运咨询，其目的是使公益信托获得圆满运作。这种架构是获得设立许可的必要条件。

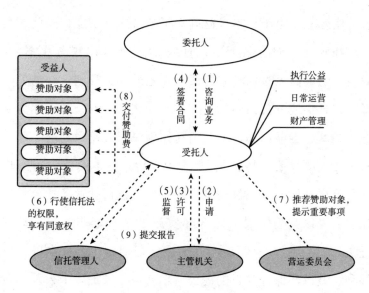

图1 日本公益信托的架构

资料来源：三井住友信托银行。

（二）公益信托的主要特征

第一，日本采用的是许可制，《信托法》规定其业务仅限于资助捐赠，且受托人接受公益信托时必须取得政府主管机关的批准。

第二，公益信托可以拆分信托财产，将其灵活地运用于公益活动，因此小规模的资金也能在适当的时机为公益活动发挥作用。

第三，信托银行作为善意的管理人，负有日本《信托法》规定的注意、忠实、分别管理的义务，并有责任针对信托事务或财产状况每年进行一次公告，以确保其管理的信托财产的严肃性。

第四，公益信托财产与信托银行的固有财产及其他信托财产分账管理，因此能够保持公益信托财产的独立性，从而保证信托财产的安全。

第五，通过设定信托管理人来保护不特定多数受益人的利益。

第六，为了鼓励更多的民众参与到公益信托中，允许公益信托中载入财产捐赠企业或个人的名称，以永远赞颂其善意。

三　日本公益信托的税收优惠制度

（一）公益信托的税收优惠制度

根据税法规定，日本的公益信托被分为一般公益信托、特定公益信托及认定特定公益信托。这三类公益信托对应的税收优惠政策具体如下（详见表1）：

1. 一般公益信托

根据日本《信托法》第11条规定，对信托法第66条所规定的公益信托的信托财产所产生的收益，不征收所得税。

2. 特定公益信托

委托人是自然人，则不享有特定公益信托的税收优惠；委托人是法人，则可就其捐赠金额列为该法人的捐赠费用，其费用额度计算公示如下：

资本数额×2.5/1000 + 所得×2.5/1000×1/2

根据日本所得税法施行令、法人税法施行令以及租特法施行令的相关规定，特定公益信托应当符合如下要求：

第一，信托文件应当载明如下事项：（1）信托终止时，信托财产应归属于国家或地方公共团体，或者为转移至类似目的的公益信托而使其继续运作；（2）信托财产仅限于资金；（3）信托财产的使用仅限于存款、储金、国债、地方债、公司债、资金信托等；（4）应指定相应的信托管理人；（5）受托人处分信托财产时，需提请营运委员会的意见；（6）支付给信托管理人与营运委员会的报酬不得超过达成该公益目的通常所需的金额；（7）信托条款如有变动，应当报请目的事业主管机关同意。

第二，公益信托受托人必须为信托公司或信托银行。

第三，满足以上条件后，需取得目的事业主管机关首长的许可证明书。

3. 认定特定公益信托

特定公益信托中，如果具有了高度的公益性并且得到了目的事业主管机关首长的许可证明书，即可认定为特定公益信托。委托人如果是自然人，其捐助金额即视为特定捐款，超过1万日元时仅可以所得额的25%为限进行扣除。如果以继承或遗赠的财产设立公益信托，则该财产不计入遗产税课征范围。

表 1　日本公益信托的税收优惠制度

委托人	种类	税收优惠制度
个人	认定特定公益信托	个人捐助金额可作为特定捐款适用捐款扣除制度。如果以继承或遗赠的财产设立公益信托，则该财产不计入遗产税课征范围
	一般公益信托	对信托财产所产生的收益不征收所得税 如果在生前设定满足特定公益信托要求的公益信托的人死亡的话，在遗产税计算中关于信托的权利的价格即为零
法人	特定公益信托	法人捐款在一般捐款税前列支限额范围内可以税前列支
	认定特定公益信托	法人捐助与对特定公益增进法人的捐款同样对待。一般捐款的税前列支限额之外，以一般捐款的税前列支限额为上限，可被承认列入税前列支

资料来源：三井住友信托银行。

（二）税收优惠滥用防范制度

实际上，日本信托所得税制度中反避税规则很少，究其原因在于信托业务由信托银行垄断经营，而信托银行又处于监管部门的严控之下，使得避税信托业务无法在日本开展。可见，日本通过控制源头的办法避免了信托避税问题。

四　日本公益信托和财团法人的比较

实际上，从个人和法人资金活用于公益活动的角度来看，日本的公益信托与财团法人发挥的社会功能大体相同，但两种制度仍有诸多差异（详见表2）。总体来说，公益信托的设置手续简单，小规模的资金可启动，且信托财产本金的部分可用于公益活动。

表 2 公益信托与公益财团法人的区别

	公益信托	公益财团法人
设定手续	受托金融机构办理相关手续,委托人无须与主管部门交涉	设立人需办理相关手续,另外,需要支付公证人的章程认证费及注册执照等费用
业务运营	受托金融机构 公益信托无独立法人资格、财产由受托机构以信托财产形式持有	法人组织 设置评议员、评议员会、理事、理事会、监事,业务执行由代表理事、业务执行董事进行
事务所的设置	不需要委托人准备负责事务所和事务的职员	必须有固定事务所和工作人员 (设立者可无偿提供自己的事务所和工作人员)
收益业务	不能从事	公益目的事业的比率需要占50%以上,在该范围内,也可从事收益事业
业务内容	原则上限定于金钱支付型活动(支付奖学金、补助金、表彰金等)	除了奖学金等的金钱支付型的活动外,还可以开展美术馆运营等事业执行型活动
本金运用	标准的运营方法是将信托财产本金充当公益事业所需资金	设置公益财团本金时,必须按章程规定维持,不能在处理资产时从事妨碍设立初衷的事业 (不得已时运用本金)
业务结束	一定期限内,运用信托财产本金推进业务时,财产的消尽即公益信托的结束	公益财团本金用尽,其他原因导致设立事业的目的无法达成,发生了章程规定的解散事由等导致解散。另外,公益财团法人,清算时的残余财产必须捐献给国家

	公益信托	公益财团法人
接受财产的种类	税法上限定于现金	无特定限制 但捐赠土地时原则上对捐款人征收转让所得税。（在满足规定的严格要求时，也有受国税厅长官的批准为免于征税的方法）
资金规模	必须设立与信托管理人和运营委员们的协助相称的规模（数量和金额），但公益信托的委托者不需要设立独自的事务运营事务所等，因此运营费用较低。另外，作为有期限的信托，拆分信托财产充当运营资金是通常的运营方法，所以与公益财团法人相比，小规模的资金也可设定	制度上可设立300万日元的财产，但无特殊情况的话，需要相当规模的资金。（设置独立事务所和工作人员，推行以公益为目的业务，进行一定水平以上的会计处理，并向行政机构提交定期报告，这些都需要相当规模的经费）

资料来源：三井住友信托银行。

五　日本公益信托的发展现状

从日本公益信托发展历程来看（见图 2），自 1977 年出现首个公益信托案件以来，其发展十分迅速，但 2000 年以后公益信托的规模整体上保持稳定，近年有小幅下降。根据日本一般社团法人信托协会公布的数据，截至 2017 年 3 月末，营运中的日本公益信托的受托件数为 472 件、信托财产余额为 604.9 亿日元。

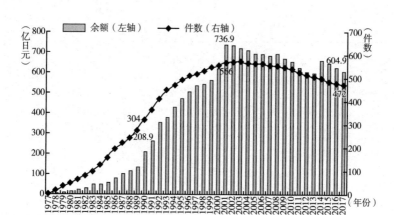

图 2　日本公益信托的信托财产余额和件数的时序数据（截至 2017 年 3 月末）
资料来源：一般社团法人信托协会。

然而，从日本公益信托的赞助对象和支付总额来看（详见图 3），却一直成递增趋势。截至 2017 年 3 月末，累计赞助对象 19 万 9271 件、支付总额 829. 16 亿日元。

从日本公益信托的目的分类来看（详见表 2），排在前三位的是用于支付奖学金 153 件（受托余额 225. 12 亿日元）、赞助自然科学研究 74 件（受托余额 78. 01 亿日元）、教育振兴 62 件（受托余额 22. 77 亿日元）。

六　日本公益信托的发展方向及启示

目前，日本法律中适用税收优惠制度的信托财产仅限于资金，业务委托机构仅限于信托银行，通过公益事业管理不动产等需要设立公益财团法人，费时费力，被敬而远之。实

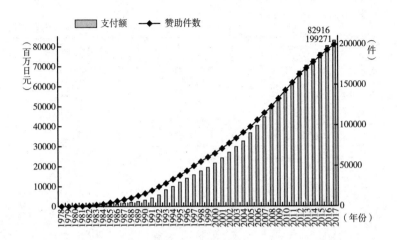

图3　日本公益信托的资助对象和支付总额的
时序数据（截至 2017 年 3 月末）

资料来源：一般社团法人信托协会。

表3　日本公益信托的目的分类及受托情况（截至 2017 年 3 月末）

单位：件，百万日元

信托目的	件数	信托财产余额
奖学金的支付	153	22512
自然科学研究赞助	74	7801
教育振兴	62	2277
国际协作·国际交流的促进	36	3363
社会福利	36	3467
艺术文化振兴	23	4961
都市环境的整备保护	27	6487
自然环境的保护	19	4151
人文科学研究赞助	14	969
文化遗产的保存活用	3	143

信托目的	件数	信托财产余额
动植物的保护繁殖	1	339
绿化推进	1	23
其他	23	3994
合计	472	60492

资料来源：一般社团法人信托协会。

际上，日本法务省正在讨论改革现有公益信托制度，特别是在扩大信托资产的种类以及增加公益事业的中坚力量（参与机构）等方面做较大调整。改革后，美术品和房地产等也可作为信托资产，且一般企业和NPO法人也可保管财产，从事公益事业。另外，日本法务省在修改公益信托法的同时，将与财务省共同推进优惠税制的调整，以便推进个人收藏的贵重美术品和有历史价值的建筑物的展示，以及推进学生宿舍运营等公益事业。

上述日本公益信托的制度设计及发展趋势对我国政府部门、监管部门和从业机构有如下启示：对政府部门而言，重点在于制定相关配套的行政法规，明确政策交叉的模糊地带。我国2017年公布的《慈善信托管理办法》对税收优惠政策做了原则性的安排，但尚未出台具体细则，为此，各部门应加强联合，推动政策尽快落地。同时，应培育和宣传"慈善信托"文化，普及公益事业，鼓励更多的民众参与。

对监管部门而言，应明确受托人职责，规范行业发展，防范受托人风险。充分利用慈善信托设立简便、运作灵活、规范透明等特点，强化对慈善项目的筛选执行能力和对慈善信托运作情况的披露，构建可持续捐赠体系。另外，适当扩大信托资产范围，以慈善信托为突破口，推动文化财产对社会公开。对于从业机构而言，应找准定位，构建具有自身优势的慈善信托发展模式。一方面扩大慈善信托业务（金额和件数）规模；另一方面在有限额度内增加受益人员，助推普惠精神。

附录四　中国社会科学院金融研究所简介

中国社会科学院金融研究所是中国社会科学院的直属研究机构。金融研究所的主要任务是：在马列主义、毛泽东思想、邓小平理论、"三个代表"重要思想、科学发展观和习近平新时代中国特色社会主义思想指导下，全面、系统研究国内外的金融理论、金融政策、金融法规、金融监管、金融市场、金融机构、金融产品和金融服务，为国家制定宏观经济政策和货币金融政策服务，为创立有中国特色的金融学理论体系服务，为各级政府部门发展本地区金融业提供咨询服务，为培养金融高级研究人才和高级金融实务人才服务，为推动国内外金融学术交流和研究合作服务，为国内外金融机构和工商企业提供应用性研究成果和咨询服务。

金融研究所现设有货币理论与货币政策研究室、金融市场研究室、结构金融研究室、国际金融与国际经济研究室、保险与社会保障研究室、法与金融研究室、银行研究室、公司金融研究室、金融实验研究室9个研究室和《金融评论》编辑部，以及中国社会科学院投融资研究中心、中国社会科学院保险与经济发展研究中心、中国社会科学院金融政策研究中心、房地产金融研究中心、财富管理研究中心、支付清算研究中心等专业性研究机构。所内还设有综合办公室等科研支持机构。

　　金融研究所还专门培养金融学硕士和博士研究生，并授予相应学位。所内设有培养高级金融人才的金融学博士后流动站。

附录五 国家金融与发展实验室简介

国家金融与发展实验室是国家首批高端智库之一，设立于 2005 年，原名为"中国社会科学院金融实验室"，是中国第一个跨跃社会科学和自然科学的国家级金融智库。其后，中国社科院依托经济学部，陆续设立了十余家以金融、经济政策研究为取向的智库型研究机构，其中包括 2010 年与上海市政府合作设立的"陆家嘴研究基地"。

2015 年 6 月，中国社科院批准上述十余家智库型研究机构整合为"国家金融与发展实验室"（以下简称"实验室"）。

2015 年 11 月 10 日，"中央全面深化改革领导小组"第十八次会议批准实验室为首批 25 家国家高端智库之一。

实验室现下设：中国社会科学院陆家嘴研究基地、国家资产负债表研究中心、中国债券论坛、财富管理研究中心、宏观金融研究中心、金融法律与金融监管研究基地、银行研究中心、支付清算研究中心、资本市场与公司金融研究中心、全球经济与金融研究中心、经济增长与金融发展实验中心、保险与发展研究中心，以及金融与科技研究中心等专业研究机构。

实验室实行理事会领导下的主任负责制。理事会设秘

书长，负责日常工作。实验室设学术委员会，统管实验室
的科研、学术、咨询活动。学术委员会设秘书长，负责日
常工作。

实验室内设科研管理（含"智库讲坛"）、国际合作管
理（含"国际论坛"）、数据与信息管理（含"媒体联
系"）、综合办公室、财务管理五个专职机构。

附录六 上海金融与发展实验室简介

上海金融与发展实验室（简称"上海金融实验室"）是经上海市人民政府批准设立的非营利性高端金融智库，是国家金融与发展实验室的运行机构。上海金融实验室致力于服务上海国际金融中心建设战略目标，致力于提高我国经济和金融研究、战略谋划和风险管理能力，致力于为国家货币金融政策和宏观经济政策的制定提供智囊服务，致力于为金融机构和工商企业提供应用性咨询服务。

附录七 财富管理研究中心简介

一 发展历程

财富管理研究中心是中国社科院金融研究所、国家金融与发展实验室、上海金融与发展实验室的下属单位，始创于2005年，国家金融与发展实验室副主任殷剑峰为财富管理研究中心的创始人，团队的研究定位为微观的产品分析、中观的机构展业和宏观的家业治理等。

二 中心宗旨

基于研究团队坚实的金融经济研究基础和深厚的量化研究功底，中心愿景是成为财富管理市场建设的缔造者、推动者、引领者和维护者。目标有三：第一，财富管理市场统一的数据搜集整理分析平台；第二，财富管理市场独立的第三方评级评价机构；第三，财富管理市场理论研究、政策研究和市场研究的智囊机构。

三 主要成果

（一）系列报告

1.《财富管理论坛》内部月刊，自2008年3月起至今

2.《家族企业调研研究报告》年度报告，自 2019 年起

（二）系列书籍

1.《中国金融产品与服务报告 2006》

2.《中国金融产品与服务报告 2007》

3.《中国理财产品市场发展与评价 2004~2009》

4.《影子银行与银行的影子：中国理财产品市场发展与评价 2010~2012》

5.《钱去哪儿了：中国理财产品市场发展与评价 2013~2017》

6.《财富管理机构竞争力报告（年度）》（进行中）

（三）专题研究

1.《私人银行——机构、产品与监管》

2.《家族财富管理——策略、产品与案例》

3.《财富管理列国志——日本》（进行中）

（四）论坛研讨

中国家族智库论坛，内含公开演讲、闭门研讨和公益讲座三种形式。

（五）联系方式

覃老师：18800150640

张老师：13671670139

附录八　战略合作机构致谢名录

·2019 年前

中国民生银行股份有限公司金融市场部（2007 年）

兴业银行股份有限公司金融市场部（2008 年）

花旗银行（中国）有限公司（2009 年）

浦发银行股份有限公司金融市场部（2010 年）

中国银行股份有限公司金融市场部（2010 年）

招商银行股份有限公司（2010 年、2011 年）

华夏银行股份有限公司金融市场部（2011 年）

国家开发银行有限责任公司金融研究院（2011 年、2014 年）

中国农业银行股份有限公司金融市场部（2012 年）

中国黄金集团有限公司（2013 年）

恒丰银行股份有限公司（2013 年）

青岛市人民政府（2014 年）

兴业银行股份有限公司私人银行部（2015 年）

北京银行股份有限公司私人银行部（2016 年）

深圳市腾讯计算机系统有限公司腾讯理财通（2017 年、2018 年）

· 2019 年度

华金证券有限责任公司

深圳市腾讯计算机系统有限公司腾讯理财通

五矿国际信托有限公司

图书在版编目（CIP）数据

日本财富管理业研究报告／王增武，宣晓影主编
. -- 北京：社会科学文献出版社，2019.11
ISBN 978 - 7 - 5201 - 5572 - 4

Ⅰ.①日…　Ⅱ.①王…②宣…　Ⅲ.①投资管理 – 研
究报告 – 日本　Ⅳ.①F833.134.8

中国版本图书馆 CIP 数据核字（2019）第 198085 号

日本财富管理业研究报告

主　　编／王增武　宣晓影
副 主 编／张　凯　覃　婧

出 版 人／谢寿光
组稿编辑／恽　薇
责任编辑／刘琳琳

出　　版／社会科学文献出版社·经济与管理分社（010）59367226
　　　　　　地址：北京市北三环中路甲 29 号院华龙大厦　邮编：100029
　　　　　　网址：www. ssap. com. cn
发　　行／市场营销中心（010）59367081　59367083
印　　装／三河市龙林印务有限公司

规　　格／开　本：889mm × 1194mm　1/32
　　　　　　印　张：4.625　字　数：90 千字
版　　次／2019 年 11 月第 1 版　2019 年 11 月第 1 次印刷
书　　号／ISBN 978 - 7 - 5201 - 5572 - 4
定　　价／45.00 元

本书如有印装质量问题，请与读者服务中心（010 – 59367028）联系